Diplomica Verlag

Daniel Graewe

**Mergers & Acquisitions
in Japan und Deutschland –
unter besonderer Berücksichtigung
feindlicher Übernahmeangebote**

Graewe, Daniel: Mergers & Acquisitions in Japan und Deutschland – unter besonderer Berücksichtigung feindlicher Übernahmeangebote, Hamburg, Diplomica Verlag GmbH

Umschlagsgestaltung: Diplomica Verlag GmbH, Hamburg
Umschlagsmotiv: © NOBU - Fotolia.com

ISBN: 978-3-8428-5713-1
© Diplomica Verlag GmbH, Hamburg 2013

Bibliografische Information der Deutschen Nationalbibliothek:

Die Deutsche Nationalbibliothek verzeichnet diese Publikation
in der Deutschen Nationalbibliografie;
detaillierte bibliografische Daten sind im Internet über
http://dnb.d-nb.de abrufbar.

Die digitale Ausgabe (eBook-Ausgabe) dieses Titels trägt die
ISBN 978-3-8428-0713-6 und kann über den Handel oder
den Verlag bezogen werden.

Vorwort

Schaut man sich die Anfänge des Projektmanagements an, so wird von Historikern und Nostalgikern gleichermaßen gern auf die Architekturwunder längst ausgestorbener Hochkulturen verwiesen. Der Bau der Pyramiden der alten Ägypter, Azteken und Maya war sicherlich einer der ersten Ansätze erfolgreichen Projektmanagements, ohne dass die Betroffenen bereits das heutige Vokabular dafür nutzten.

Aus den Großprojekten der heutigen Zeit, insbesondere aus dem Kraftwerksbau und dem amerikanischen Luft- und Raumfahrtprogramm entwickelte sich dann eine Form des Projektmanagements, die leider nur auf sehr schmalen Füßen den Weg in die Unternehmen fand. Lange Zeit sah die weit verbreitete Praxis so aus, dass man mit der Benennung eines Projektleiters und der Bereitstellung einer EDV-basierten Terminplanung schon die organisatorischen und toolseitigen Ansprüche des Projektmanagements erfüllt glaubte. In kleineren Unternehmen, die keine ausgesprochene Projektorganisation haben, sondern Projekte noch immer in Reinkultur als eine „... einmalige, neuartige ..." u.s.w. Aufgabenstellung ansehen, sind das teilweise noch heute die Hauptgestaltungsparameter der Projektarbeit.

Und dann passierten in kurzer zeitlicher Folge drei Dinge, die dem Projektmanagement eine weltweit sehr große und bis heute noch weiter steigende Bedeutung zukommen ließen. Wir wollen es

- Professionalisierung

- Parallelisierung und

- Internationalisierung

nennen.

Mit der Professionalisierung entstand in erster Linie der deutlich ausgebaute Methodenkanon, der sich heute hinter dem Projektmanagement verbirgt. Neben der Termin- und Ressourcenplanung einerseits und der Budgetplanung und -kontrolle andererseits sind Themen wie das Risikomanagement (inzwischen eigenständig normiert in der DIN 31.000), das Konfigurations- und Änderungsmanagement (insbesondere in Projekten der variantenreichen Produktentwicklung), das Requirements Management (als Fortsetzung des Wechselspiels von Lasten- und Pflichtenheft an der Schnittstelle zum Kunden) und viele andere Dinge entstanden. Die Deutsche Gesellschaft für Projektmanagement (GPM e.V.) hat bereits frühzeitig mit einem vierbändigen Standardwerk reagiert und die Professionalisierung des Projektmanagements auf über 2.500 Seiten strukturiert, systematisiert und dokumentiert.

Mit der Parallelisierung von Projekten entwickelten sich hingegen neue Disziplinen, die sich heute u. a. unter den Begriffen Multiprojektmanagement, Projektportfoliomanagement und Programmmanagement etabliert haben. Über die Vielzahl von Projekten ist nicht nur das Projektmanagement selbst, sondern auch die Projektorganisation erwachsen geworden. Viele

1

Unternehmens-, vor allem Entwicklungsbereiche sowie teilweise komplette Unternehmen haben inzwischen auf die Projektorganisation umgestellt. In kreativer Anwendung und Weiterentwicklung des (Geschäfts-)Prozessmanagements haben sich Projektprozesse entwickelt und als Prozesstemplates etabliert. Diese stehen inzwischen für die serielle wie auch parallele Wiederverwendung bei hoher Wiederholhäufigkeit bereit und beschleunigen die weitere Parallelisierung von Projekten zunehmend.

Der Internationalisierung des Projektmanagements, dem dritten identifizierten Langzeittrend, wollen wir diese Buchreihe widmen. „Internationale und interkulturelle Projekte erfolgreich umsetzen" ist eine Herausforderung der besonderen Art. Neben den beiden erstgenannten Aspekten der Parallelisierung und Professionalisierung des Projektmanagements – beides ist weitgehend rational beschreibbar, erlebbar und quantitativ bewertbar – nimmt die Internationalisierung eine Sonderstellung ein. Kunden oder Auftraggeber sitzen im Ausland, was in der exportstarken Nation Deutschland keine Besonderheit ist. Entwicklungs- und Produktionsstätten werden nach Asien oder Südosteuropa verlagert, was auf Grund des Lohngefälles auch nicht neu ist. Unternehmen, die den deutschen Markt in zunehmender Sättigung erleben (z.B. Lebensmitteldiscounter) gehen ebenso ins Ausland wie Untenehmen, deren Technologie einzigartig und weltführend ist (z.B. die Erneuerbaren Energien). Dazu kommen politische Entscheidungen der Gründung oder Förderung multinationaler Allianzen, wie wir es bei EADS erleben. Last but not least ändern sich die Rahmenbedingungen außerhalb Deutschlands auch stetig derart, dass grenzüberschreitende Zusammenarbeit eher erleichtert, statt erschwert wird (Marktwachstumspotentiale in Indien, zunehmende Öffnung von China, EU-Osterweiterung, Euro-Einführung, etc.).

Wenn Chancen und Potentiale erkannt sind, startet i. d. R. ein Projekt. Wenn sie (noch) nicht erkannt sind, startet ein Pilot- oder Evaluierungsprojekt. Und sobald der Projektstart eine internationale Komponente hat, verlängert sich sofort und signifikant die Liste der kritischen Erfolgsfaktoren. Ganz offensichtliche Aspekte wie das unpersönliche Zusammenarbeiten über große Entfernungen, die Sprachbarrieren, das entkoppelte Agieren in unterschiedlichen Zeitzonen und ergänzende, ggf. sogar widersprüchliche Gesetzesforderungen u. ä., sind dabei noch die geringsten Probleme. Zahlreiche schwerer zu identifizierende und dadurch auch deutlich schwerer zu lösende Herausforderungen ergeben sich aus wechselnden sozialen Strukturen und kulturellen Rahmenbedingungen.

Dem Pauschaltouristen mag die Bemerkung im Reiseführer genügen, dass „[…] der Asiate ständig wirkt, als würde er lächeln." Wer aber in eine internationale Projektgruppe integriert ist, vielleicht sogar umfassende Projektverantwortung trägt, dem stellt sich gleich eine ganze Reihe von Fragen bzgl. der Auswirkungen von Internationalität. Wo und wann brauchen wir mehr Zeit als in nationalen Projekten und wieviel genau mehr? Brauchen wir punktuell mehr Budget und wo können wir dies wieder einsparen? Wie machen sich erschwerte Kommunikationsbedingungen in der Projektplanung bemerkbar und wie kann aktiv steuernd darauf eingewirkt werden? Welche neuen, bisher nie erlebten Potentiale ergeben sich in einer internationalen, multikulturellen Projektumgebung?

Auf all diese Fragen gibt es leider noch nicht hinreichend viele gute, vor allem noch keine strukturierten oder gar quantifizierten Antworten. Aber es gibt bereits sehr viele wertvolle Erfahrungen. Genau diese möchten wir mit dieser Schriftenreihe zur Verfügung stellen. Wir möchten Studien und Projektberichte veröffentlichen, die helfen, aus den Fehlern und den Erfolgen anderer zu lernen. Ohne selbst den Stein der Weisen außerhalb der Grenzen Deutschlands gefunden zu haben, möchten wir Beispiele und Anregungen geben, wie Sie „Internationale und interkulturelle Projekte erfolgreich umsetzen" können. Deshalb haben wir diese Schriftenreihe so genannt.

Steff Rietz

Steffen Rietz

GPM-Fachgruppe für Projekt- und Prozessmanagement

Lehrstuhl für Technisches Projektmanagement an der FHW

Herausgeber:

Prof. Dr.-Ing. Steffen Rietz
Deutsche Gesellschaft für Projektmanagement (GPM) e.V.
mail to: projekt-prozessmanagement@gpm-ipma.de

c/o FHW, Fachhochschule Westküste
Fachgebiet Technisches Projektmanagement
Fritz-Thiedemann-Ring 20
25746 Heide /Holst.

Prof. Dr. Rietz ist seit über 15 Jahren in der permanenten methodischen Weiterentwicklung und praktischen Anwendung des Prozess- und Projektmanagements aktiv. Nach der Leitung einiger Forschungs- und industrienaher Beratungsprojekte für das produktionstechnisch orientierte Fraunhofer-Institut für Fabrikbetrieb und -automatisierung übernahm er die Leitung des Fertigungsbereiches eines innovativen mittelständischen Halbleiterherstellers.

Mit dem späteren Wechsel zu einem der großen deutschen, international tätigen Automobilzulieferer übernahm Steffen Rietz zentrale Verantwortung für Projektmanagementmethoden und Entwicklungsprozesse. Aus verschiedenen leitenden Positionen heraus verantwortete er die methodische Optimierung des Projekt- und Prozessmanagements im Entwicklungsbereich, gestaltete und automatisierte maßgeblich den Produktentstehungsprozess für hochkomplexe mechatronische Produkte. Das beinhaltete zunehmend auch dessen Implementierung in standortübergreifende Entwicklungsprojekte und an verschiedenen internationalen Entwicklungsstandorten.

Inzwischen hat Prof. Dr. Rietz den Lehrstuhl für Technisches Projektmanagement im Fachbereich Technik der FHW, Fachhochschule Westküste übernommen und ist Leiter der GPM-Fachgruppe für Projekt- und Prozessmanagement der Deutschen Gesellschaft für Projektmanagement e.V.

Schwerpunkt seiner heutigen Arbeit ist die Schnittstelle von Projekt- und (Geschäfts-) Prozessmanagement, deren Anwendung und Optimierung, vorwiegend im qualitätssichernden Umfeld der Produktentwicklung und nicht zuletzt die schrittweise Integration der durch die Globalisierung stark anwachsenden internationalen und interkulturellen Aspekte im Projekt- und Multiprojektmanagement.

Herr Rietz ist Mitinitiator des Awards für Projekt- und Prozessmanagement, seit 2006 regelmäßiges Mitglied in der Gutachterkommission des inzwischen im gesamten deutschsprachigen Raum etablierten Awards und arbeitet im Normenausschuss des DIN aktiv an der Neufassung der DIN-Norm zum Projektmanagement mit.

Autor:

Dr. Daniel Graewe
Rechtsanwalt, Diplom-Politologe
mail to: daniel.graewe@gmail.com

Dr. Daniel Graewe, Jahrgang 1978, studierte Rechts- und Politikwissenschaft an den Universitäten Freiburg, Lausanne (CH), Frankfurt am Main und Georgetown (USA). Sein Rechtsreferendariat leistet er u.a. in Hamburg, Düsseldorf und der DHV in Speyer ab.

Neben seiner Tätigkeit als Senior Associate im Hamburger und Londoner Büro von White & Case absolviert Dr. Graewe ein berufsbegleitendes LL.M.-Studium mit dem Schwerpunkt im Japanischen Recht. Er verbrachte in diesem Rahmen einen Forschungsaufenthalt in Kyōto.

Inhaltsverzeichnis

Abbildungsverzeichnis

A. Einleitung und Fragestellung

Japan und Deutschland haben im Zuge der rechtshistorischen Entwicklung vielerlei Impulse erfahren und Veränderungen durchlebt. Dies betrifft nicht nur die innerstaatlichen Entwicklungen, sondern auch die gegenseitigen Einflüsse und die Annäherung an andere Rechtsordnungen.[1] Von der internationalen Entwicklung maßgeblich geprägt und beeinflusst wurde und wird in Deutschland und Japan auch das Gebiet der Unternehmensübernahmen, die sogenannten Mergers & Acquisitions[2] (M&A).

Der Begriff der M&A entstammt dem angelsächsischen Bereich und kann auf die erste Übernahmewelle („The Great Merger Movement") in den Vereinigten Staaten von Amerika zwischen den Jahren 1895 und 1905 zurückgeführt werden.[3] Während dieser Zeit fusionierten einige tausend kleinere Unternehmen mit nur geringen Marktanteilen zu großen, mächtigen Konglomeraten, die begannen, die Märkte zu dominieren. Einigen dieser neu entstandenen Konzernen gelang es, ihre Marktstellung bis in die 1930er Jahre aufrecht zu erhalten und einige wenige Unternehmen, wie General Electric oder United States Steel Corporation, existieren noch heute mit großen Marktanteilen.

In der heutigen Zeit werden M&A in der breiten Öffentlichkeit häufig im Zusammenhang mit sogenannten „feindlichen" Unternehmensübernahmen thematisiert. Während der Bereich der Private M&A, der (einvernehmliche) Erwerb und die Veräußerung von Nicht-Publikumsgesellschaften, in der Praxis genauso häufig wie unbemerkt durchgeführt wird, finden öffentliche Erwerbsangebote (Public M&A) in Rechtswissenschaft und Praxis weltweit erheblichen Widerhall. Daher hat sich weltweit bei Private M&A-Transaktionen ein einheitlicher Marktstandard herausgebildet, der nur wenige Berührungspunkte mit länderspezifischen rechtlichen Besonderheiten aufweist. Hiervon unterscheiden sich Public M&A-Transaktionen ganz erheblich, da diese im Rahmen des oftmals dichter geregelten Kapitalmarktrechts in der Regel stärker von der jeweiligen nationalen Rechtsordnung reglementiert werden. Die vorliegende Arbeit möchte vor diesem Hintergrund Private und Public Mergers & Acquisitions in Deutschland und Japan vergleichend analysieren, wobei ein besonderer Fokus auf die länderspezifischen Regelungen der öffentlichen Übernahmeangebote gelegt wird.

---

[1] *Gräwe/Sahin*, ZfRV 2012, 182.
[2] Dt. Verschmelzungen & (Zu-)Käufe.
[3] *Vogel*, S. 3.

B. M&A im Allgemeinen

Bevor auf die Gemeinsamkeiten und Unterschiede von Private wie Public M&A in Deutschland und Japan eingegangen wird, soll in diesem Kapitel zunächst eine Einführung in dieses rechtliche Spezialgebiet gegeben werden. Die Ausführungen in diesem Kapitel gelten dabei für Japan wie für Deutschland gleichermaßen, weswegen hier von einer weiteren Differenzierung im Text Abstand genommen wird.

I. Definitionen und Begriffsbestimmung

Für das Gebiet der Mergers & Acquisitions existiert keine allgemeinverbindliche Definition. Es umfasst im Allgemeinen Unternehmenstransaktionen – einschließlich der dazugehörigen Dienstleistungen – zur Übertragung von Anteilen (in der Regel mit Kontrollbefugnissen) an Unternehmen, beziehungsweise entsprechender Rechte und Pflichten bei vertraglichen Kooperationen.[4] Einige weitergehende Definitionen fassen darunter ferner Unternehmenskooperationen (Joint Ventures), Börsengänge (Initial Public Offerings, IPO), Management Buy-outs (MBO) und Buy-ins (MBI), sowie bestimmte Restrukturierungsmaßnahmen.[5]

In seine Bestandteile zerlegt, besteht der Begriff der M&A aus dem ersten Teil „Mergers". Hierunter sind Unternehmenszusammenschlüsse (Fusionen) zu verstehen, bei denen sich mindestens zwei rechtlich selbstständige Unternehmen zu einer rechtlichen Einheit zusammenschließen, sei es weil eine auf die andere verschmolzen wird, oder weil beide Unternehmen in einer neuen Gesellschaft aufgehen.[6] Der zweite Teil, „Acquisitions" – Erwerbe –, meint den (Zu-)Kauf von Unternehmen oder Unternehmensteilen, wobei das Zielunternehmen, im Gegensatz zu den Fusionen, seine rechtliche und/oder wirtschaftliche Eigenständigkeit behält.[7] Das konstitutive Merkmal, sowohl der Fusionen wie auch der Erwerbe, besteht dabei in einer Änderung der Eigentumsverhältnisse der beteiligten Unternehmen.[8] Die Art und die Anzahl der gehaltenen Anteile und damit auch der Kontrollbefugnis hängen dabei von den Eigentümerstrukturen der beteiligten Unternehmen ab.[9] Wie groß die Änderung der Eigentumsverhältnisse ist, unterliegt keiner rechtlichen Regelung, sondern hängt stets davon ab, was das Ziel der Transaktion ist und welche strategische Ausrichtung[10] die beteiligten Unternehmen verfolgen.[11]

---

[4] *Vogel*, S. 5.
[5] *Picot*, S. 19.
[6] *Wirtz*, S. 10.
[7] *Lucks/Meckl*, S. 24.
[8] *Lucks/Meckl*, S. 23.
[9] *Hünerberg*, S. 113.
[10] Näher dazu sogleich unter Punkt II. 2.
[11] *Kolesky*, S. 128.

II. Merkmale

M&A lassen sich im Wesentlichen anhand der nachfolgend genannten vier Merkmalen unterscheiden[12]: Grundlage der Zusammenarbeit, strategische Ausrichtung, Bindungsintensität und funktionale Ausrichtung.

1) Grundlagen der Zusammenarbeit:

Eine M&A-Transaktion kann zunächst auf Basis einer freiwilligen Zusammenarbeit der beteiligten Unternehmen erfolgen. In diesem Fall spricht man von einer freundlichen Übernahme. Solche finden sich besonders häufig im Bereich der Private M&A, also bei Transaktionen, bei denen ein öffentliches Erwerbsangebot nicht erforderlich ist. Unternehmensübernahmen können aber auch auf Basis eines unfreiwilligen Zusammentreffens von seiner Seite geschehen, das heißt, dass das Management oder die Stakeholder des Zielunternehmens mit einer durch einen Bieter angestrebten Übernahme nicht einverstanden sind. In diesem Fall spricht man von einer feindlichen Übernahme. Diese kommt im Bereich der Public M&A vor und wird durch öffentliche Übernahmeangebote ermöglicht.[13]

2) Strategische Ausrichtung:

M&A können auch danach unterschieden werden, in welchem Marktverhältnis sich die beteiligten Unternehmen zueinander in Bezug auf die Transaktion befinden. Horizontale Übernahmen betreffen Unternehmen, die sich in der gleichen oder ähnlichen Branche oder Wertschöpfungsstufe befinden und die im Wettbewerb zueinander stehen.[14] Vertikale Transaktionen finden zwischen Unternehmen statt, die in der gleichen Branche aktiv sind, jedoch auf unterschiedlichen Wertschöpfungsstufen.[15] Von diagonalen Transaktionen spricht man schließlich, wenn eine Transaktion über unterschiedliche Branchen und Wertschöpfungsstufen hinweg erfolgt.[16]

3) Bindungsintensität:

Unternehmenstransaktionen können weiterhin einen unterschiedlich hohen Grad an Bindungsintensität zum Ziel haben und dadurch unterschieden werden. Zum einen kann der Grad der wirtschaftlichen Integration schwanken, so kann beispielsweise das Zielunternehmen vollständig in das Bieterunternehmen integriert werden, oder aber eigenständig am Markt bleiben. Zum anderen kann auch der Grad der rechtlichen Integration unterschiedlich sein. Hier können Minderheits-, Paritäts-, Mehrheits- oder Alleinbeteiligungen unterschieden werden.[17]

---

[12] *Kolesky*, S. 130.
[13] *Wirtz*, S. 21.
[14] *Gut-Villa*, S. 28.
[15] *Gut-Villa*, S. 28.
[16] *Wirtz*, S. 19.
[17] *Lucks/Meckl*, S. 27.

4) Funktionale Ausrichtung:

Schließlich kann noch eine Differenzierung anhand der funktionalen Ausrichtung einer M&A-Transaktion erfolgen. Danach kann eine Transaktion finanzanlageorientiert erfolgen, wenn sie auf schnelles, externes Wachstum abzielt, der Zukauf in erster Linie eine Wertanlage darstellt und die Maßnahme unabhängig von der Branche und Wertschöpfungsstufe der beteiligten Unternehmen erfolgt. Sie kann aber auch marktorientiert sein, wenn die marktbezogene Verwandtschaft zwischen den Unternehmen ausschlaggebend für die Durchführung der Transaktion ist oder beispielsweise um die Wettbewerbssituation zu verbessern oder Risiken zu streuen. Schließlich kann sie auch produktorientiert erfolgen, wenn die Beteiligten Gemeinsamkeiten im Produktions- und Absatzmarkt haben und gemeinsam Ressourcen, Rohstoffe und Kapazitäten nutzen wollen.[18]

III. Motive und Ziele von M&A

Die Motive und Ziele von M&A sind vielschichtig. Unternehmenstransaktionen können auf Anpassungsreaktionen auf eine sich verändernde Umwelt zurückzuführen sein, auf Wettbewerbsbedingungen, die Globalisierung oder den technologischen Wandel.[19] Grundsätzlich lassen sich diese grob in ökonomische und nicht-ökonomische Beweggründe aufspalten.

1) Ökonomische Beweggründe:

Ökonomische Beweggründe haben ihre Wurzeln immer in einer erhofften Steigerung des Unternehmenswertes. Dies kann entweder durch Synergieeffekte, durch eine gesteigerte Marktmacht oder durch Marktanpassungsreaktionen bedingt sein.

Synergieeffekte:

Die Erzielung von Synergieeffekten ist der wichtigste Grund für die Durchführung von M&A-Transaktionen. Dabei wird von der Summe des zukünftigen Zusammenwirkens der beteiligten Unternehmen erwartet, dass diese grösser ist, als die addierten Einzelkomponenten der jeweiligen Gesellschaften.[20] Durch Synergieeffekte soll es zu einer Maximierung des Stakeholder-Value der Unternehmensbeteiligten im Ganzen kommen, auch wenn einzelne Stakeholder (kurzfristig) von einer Transaktion negativ betroffen sein sollten, wie zum Beispiel Arbeitnehmer bei nachgelagerten personellen Rationalisierungsmaßnahmen.[21] Hauptsächlich lassen sich zwei Arten von Synergien unterscheiden.[22] Zum einen Synergien, die aus der Gleichartigkeit der beteiligten Unternehmen resultieren. Dies sind im Wesentlichen Skalen- und Rationalisierungseffekte, die Verminderung von Transaktionskosten, die gemein-

---

[18] *Howell*, Harvard Business Review 1970, 66.
[19] *Jansen*, S. 206.
[20] *Eccles/Lanes/Wilson*, Harvard Business Review 2001, 45, 53.
[21] Dies betrifft insbesondere die Gruppe der Arbeitnehmer, da überlicherweise bei Unternehmenszusammen-schlüssen Personal abgebaut wird (Synergieeffekte).
[22] *van Schaik*, S. 149 f.

same Nutzung von Distributionskanälen und eine Verbesserung der Faktorenallokation.[23] Zum anderen handelt es sich um Synergien, die aus der Komplementarität der Unternehmen entstehen. Hierzu zählen Know how-Transfer, Lernkurveneffekte, ein schnellerer Markteintritt oder eine schnellere Erweiterung der Produktpalette.[24]

Gesteigerte Marktmacht:

Durch eine M&A-Transaktion kann sich auch eine gesteigerte Marktmacht ergeben. Dies führt – neben der Sicherung des Unternehmensbestands – dazu, dass neue Geschäftsfelder und Regionen besser erschlossen werden können. Ferner erhält das Unternehmen mehr Einfluss auf Zulieferer und die Preisbildung, wenn beispielsweise Wettbewerber durch Übernahmen ausgeschaltet werden können. Schließlich wird auch die Leistungsfähigkeit und Leistungstiefe des Unternehmens verbessert.

Marktanpassung:

Letztlich ist ein wichtiges Motiv und Ziel für M&A-Transaktionen in der Marktanpassung zu sehen. Die Übernahme eines Unternehmens ist in jedem Fall die bessere Alternative zu einer Liquidierung oder zu einer Insolvenz der Zielgesellschaft. Ältere Literaturstimmen sind sogar der Ansicht, dass die meisten M&A-Transaktionen nichts mit Synergieeffekten oder der Steigerung von Marktmacht zu tun hätten, sondern Unternehmensübernahmen schlicht eine zivilisiertere Alternative zu einer Insolvenz oder Liquidation eines Unternehmens darstellen.[25]

2) Nicht-ökonomische Beweggründe:

Neben den ökonomischen Gründen finden sich jedoch auch nicht-wirtschaftliche Beweggründe für die Durchführung einer M&A-Transaktion. Hier sind insbesondere die persönlichen Interessen der Anteilseigner oder des Managements zu nennen[26], wobei dem Eigeninteresse des Managements eine besonders große Bedeutung zukommt.[27] Nach der sogenannten Principal Agent-Theorie verfolgen Anteilseigner und Management unterschiedliche Ziele.[28] Auf Seiten des Managements ist dabei insbesondere das Bedürfnis des sogenannten Empirebuildings zu nennen. Danach stellt es ein wesentliches Ziel des Managements des Bieterunternehmens dar, ein möglichst großes wirtschaftliches Imperium aufzubauen, welches sie steuern und über das sie ihren eigenen Einflussbereich weiter zu vergrößern suchen.[29] Auch die Hybris des Managements, die Steigerung des eigenen Prestiges, fällt unter die nicht-ökonomischen Motive für eine Unternehmensübernahme. Dabei unterliegt das Management des Zielunternehmens der (un-) bewussten Selbstüberschätzung des eigenen Könnens und der positiven Effekte eines M&A-Deals. Sie werden nicht selten durch Stolz und Arroganz dazu verleitet, anzunehmen, dass sie durch ihre Entscheidung für eine M&A-Transaktion einen

[23] *Kogeler*, 1992, S. 42; *Gut-Villa*, S. 29.
[24] *Papprottka*, 1996, S. 69.
[25] *Dewey*, American Economic Review 51 (1961), 255, 257.
[26] *Vogel*, S. 32 f.
[27] *Jansen*, S. 97.
[28] *Gräwe*, S. 48 ff.
[29] *Kolesky*, S. 143 f.

Wertzuwachs für das Bieterunternehmen schaffen können, was andere an ihrer Stelle nicht erreicht hätten.[30]

IV. Risikofaktoren

Wie jede wirtschaftliche Entscheidung ist auch die Frage der Durchführung einer M&A-Transaktion mit Risiken verknüpft. Bei Unternehmensübernahmen liegen diese besonders in den einzubeziehenden Interessengruppen, der Integrationsgeschwindigkeit und den (oben schon angesprochenen) Managementfähigkeiten.

1) Einzubeziehende Interessengruppen:

Bei M&A-Transaktionen existieren eine ganze Reihe von Stakeholdern bei Bieter- und Zielgesellschaft, deren Interessen zu berücksichtigen sind. Hierbei sind insbesondere die Anteilseigner, die Arbeitnehmer, das Management, die Banken, die Zulieferer und die Kunden zu nennen. Es ist daher zur Vermeidung von Reibungs- und Zeitverlusten sowie Ineffizienzen möglichst darauf zu achten, durch die Transaktion einen Interessenausgleich zwischen den Stakeholdern der beteiligten Unternehmen herzustellen.[31] Dies kann einerseits bereits vor dem Signing / Closing[32] durch eine Berücksichtigung in den Verhandlungen zum Unternehmenskaufvertrag (Sale and Purchase Agreement, SPA) geschehen, beispielsweise durch eine Einbindung von Betroffenen in die laufenden Prozesse, andererseits auch erst in der Phase der Post Merger-Integration[33] durch eine bereitwillige Offenlegung von Problemen und gute Kommunikationsmaßnahmen.

2) Integrationsgeschwindigkeit:

Einen weiteren Risikofaktor stellt die Integrationsgeschwindigkeit dar. Unternehmenstransaktionen stehen meistens unter einem erheblichen Zeitdruck. Dies liegt oftmals daran, dass der bevorstehende Änderungs- und Integrationsprozess möglichst schnell abgeschlossen werden soll, um wieder Ressourcen für das Tagesgeschäft bereitstellen zu können. Oftmals wird dabei jedoch die für eine Transaktion benötigte Zeit unterschätzt. Verzögerungen entstehen dabei hauptsächlich durch eine notwendige und aufeinander aufbauende Reihenfolge von Transaktionsschritten und der Interdependenz verschiedener Maßnahmen, sowie einer Selbstüberschätzung der beteiligten Personen, sodass es häufig zu enttäuschten Erwartungen bei der angestrebten Dauer der Transaktion kommt.[34] In der Praxis kann eine Transaktion in der Regel, abhängig von Größe und Komplexität, binnen zwei und sechs Monaten abgeschlossen

---

[30] *van Schaik*, S. 151.
[31] *Cyert/March*, 1995, S. 207.
[32] Signing bezeichnet die rechtlich bindende Unterzeichnung des Unternehmenskaufvertrags in der auf den Kaufvertrag anwendbaren Form. Closing meint den Vollzug des Kaufvertrags durch „Übergabe" des Unternehmens gegen Kaufpreiszahlung. Signing und Closing können, müssen aber nicht zusammenfallen. Je größer die Transaktion, desto unwahrscheinlicher ist ein Zusammentreffen, vgl. *Hanke/Socher*, NJW 2010, 1261, 1262.
[33] Dazu unten ausführlicher bei Private M&A-Transaktionen.
[34] *Töpfer*, ZfO 2000, 10, 13.

werden, wobei die anschließende Integrationsphase auch durchaus eine Länge von zwischen zwei und drei Jahren erreichen kann.

Allerdings fördert nicht nur die Schnelligkeit der Vornahme einer M&A-Transaktion deren Erfolgschancen, sondern zu einem ganz wesentlichen Teil auch die Durchführung von Integrationsmaßnahmen nach der Transaktion.[35] Dennoch herrscht in der Praxis oft ein Spannungsfeld zwischen einer langsamen, evolutionären Durchführung auf der einen Seite, und einer schnellen, revolutionären Durchführung einer Transaktion auf der anderen Seite. Bei einer zu schnellen Durchführung besteht die Gefahr, dass komplexe Situationen unterschätzt und Risiken oftmals missachtet werden. Bei einem langsameren Transaktionsablauf kann es hingegen gelingen, Synergiepotentiale zwar langsamer, aber gründlicher auszuloten, Unsicherheiten – insbesondere bei den Anlegern und Arbeitnehmern – abzubauen und Veränderungserwartungen der Mitarbeiter positiv zu nutzen.[36]

3) Managementfähigkeiten:

Ein weiterer großer Risikofaktor sind schließlich die Fähigkeiten des Managements. Unternehmenstransaktionen verlangen dem Management im Vergleich zum Tagesgeschäft zusätzliche Hard- und Softskills ab.[37] Auch weisen die Aufgaben im Rahmen eines M&A-Deals eine deutlich erhöhte Komplexität auf, als Managementaufgaben im normalen Tagesgeschäft. Zu diesen zusätzlichen Anforderungen zählen zum Beispiel, neben ausgeprägten Multitasking-Fähigkeiten, die Erarbeitung einer konkreten externen Wachstumsstrategie, die Koordination der zahlreichen Berater eines M&A-Deals (Banker, Rechtsanwälte, Steuerberater) der Aufbau einer internen und externen Kommunikationsstrategie, die Integrationsplanung, die Harmonisierung der Strukturen, die Erarbeitung neuer Führungs- und Steuerungssysteme und der Aufbau von Motivation und Vertrauen.[38]

V. Erfolgsmessung

Aufgrund der soeben dargestellten Risikofaktoren stellt sich die Misserfolgsquote von M&A-Transaktionen im Allgemeinen als eher hoch dar. In der Literatur findet man Angaben von bis zu 75 %.[39] Angesichts dieser hohen Quote stellt sich zu Recht die Frage, wie überhaupt der Erfolg einer Unternehmenstransaktion gemessen werden kann.

Weite Verbreitung findet insofern die jahresabschlussorientierte Erfolgsmessung. Diese ermittelt anhand unterschiedlicher Variablen (Größenmaße wie Umsatz, Vermögen, Kapital und Gewinn; Rentabilitätsmaße wie Eigenkapital, Fremdkapital, Gesamtkapital, Umsatzrentabilität; aktionärsbezogene Kennzahlen wie Börsenkurs, Dividende, Gewinn pro Aktie oder Auszahlungsrate), ob der durchgeführte Zusammenschluss unter bestimmten ökonomischen

---

[35] *Gerds/Schewe*, 2001, S. 78.
[36] *Jansen*, S. 305.
[37] *v. Stein/Terrahe*, S. 604.
[38] *Jansen/Körner*, S. 7.
[39] *Lucks/Meckl*, S. 10.

Vorgaben als Erfolg gewertet werden kann, oder nicht.[40] Eine weitere Möglichkeit stellt die strategieorientierte Erfolgsmessung anhand anderer (unter Umständen objektiv schwierig zu ermittelnder) Variablen dar, wie beispielsweise Marktanteil, Marktpositionierung, Zugang zu Absatz- und Arbeitsmärkten, internationale Wettbewerbsfähigkeit und Know how-Steigerung.[41] Neben diesen beiden hier dargestellten Methoden existiert aber noch eine Vielzahl weiterer Möglichkeiten, den Erfolg einer Transaktion messbar zu machen und darzustellen. Alle leiden jedoch unter dem Defizit, dass bestimmte Erfolgsgrößen zuerst (subjektiv) bestimmt, referenziert und zeitlich determiniert werden müssen.[42]

---

[40] *Becker*, S. 75.
[41] *Becker*, S. 98.
[42] *Kolesky*, S. 152.

C. Japanische Besonderheiten in Bezug auf M&A

Mergers & Acquisitions haben sich in der Ära der Globalisierung und Transnationalität vieler Unternehmen weltweit zu einem bekannten Schlagwort entwickelt. In Japan stellt sich die Situation insofern nicht anders dar, als in Deutschland oder jedem anderen Industrieland. Allerdings existieren einige Besonderheiten in der japanischen (Wirtschafts-)Kultur, denen vorab besondere Aufmerksamkeit geschenkt werden soll.

I. Religion und Kultur

Die Entwicklung, die der japanische M&A-Markt durchgemacht hat, ist wesentlich auf die japanische Religion und Kultur als informelle Institutionen zurückzuführen. Informelle Institutionen leiten sich aus sozial übermittelten Informationen als Teil des Erbes, welches wir Kultur nennen, ab.[43] Als informelle Institutionen spielen, anders als in Deutschland, Religion und Kultur auch im japanischen Wirtschaftsleben eine besondere Rolle.[44]

Die ersten Zeichen von Religion in Japan datieren auf etwa 1.000 Jahre vor Christus. Auf dieses Datum konnte man erste Figurenfunde zurückdatieren, von denen man ausgeht, dass ihnen eine religiöse Bedeutung zukommt. Erst 700 Jahre später, um das Jahr 300 vor Christus, datieren hingegen die Ursprünge der heutigen japanischen Sprache, sozialen Struktur und Religion.[45] Eine besondere Rolle innerhalb der japanischen Kultur spielt dabei das sogenannte ie-System, welches man als „Haus-System" verstehen kann. Danach ist das Oberhaupt eines Hauses verantwortlich für das Wohlergehen aller anderen Mitglieder des Hauses. Dafür erhält das Oberhaupt bestimmte Privilegien, ist aber gleichzeitig auch durch eine Entscheidung des Hausrates von seiner Position abrufbar, wenn es sich despotisch, oder gegen die Haus- oder Gesellschaftsregeln verhalten sollte.[46] Wenn Nachkommen eines Hauses erwachsen wurden und ihre eigenen Nachkommen hatten und eigene, neue Häuser gründeten, so wurden sie dennoch auch als weiter zugehörig zu ihrem alten Haus betrachtet. Dies führte im Laufe der Zeit zu einem weit verzweigten und pyramidenartigen System von verwandten Häusern (dozoku), die persönlich und finanziell verflochten waren.[47]

II. Vertrauen

Ähnlich verhält es sich mit dem sozialen Wert des Vertrauens. Dieser spielt in der japanischen Gesellschaft ebenfalls eine besonders große Rolle. Vertrauen kann abstrakt definiert werden als subjektive Überzeugung von der Richtigkeit, bzw. Redlichkeit von Handlungen und Aussagen eines anderen. Dabei kann zwischen individuellem und allgemeinem Vertrauen

---

[43] *North*, S. 37.
[44] *Nakamura*, S. 8.
[45] *van Schaik*, S. 44.
[46] *Hendry*, S. 27.
[47] *Smith/Beardsley*, S. 42 ff.

unterschieden werden.[48] Bei allgemeinem Vertrauen handelt es sich um Überzeugungen von Individuen im Allgemeinen, unabhängig von ihren persönlichen Beziehungen. Bei individuellem Vertrauen hingehen handelt es sich um subjektive Überzeugungen zwischen Individuen, die auf einer persönlichen Beziehung beruhen. Individuelles Vertrauen ist dabei in der Lage, weitgehend zu verhindern, dass eine Person innerhalb der persönlichen Beziehung die andere Person hintergeht, da beide aufgrund ihrer persönlichen Beziehung über Informationen übereinander verfügen, die es ihnen erlauben, auf das Verhalten des jeweils anderen Einfluss zu nehmen.[49] Ob in einer Gesellschaft eher ein hoher Grad an allgemeinem oder an individuellem Vertrauen herrscht, hängt davon ab, wie kompakt und intensiv die gegenseitigen Netzwerke und Beziehungen der Individuen sind.[50] In der japanischen Gesellschaft herrscht ein geringer Anteil an allgemeinem Vertrauen, mit anderen Worten ein Misstrauen gegenüber unbekannten Fremden.[51] Als Kompensation wurde, durch die Bildung von persönlichen Netzwerken, ein hoher Anteil an individuellem Vertrauen geschaffen.[52]

III. Unternehmen und Unternehmensgruppen

In Japan spielen neben den Unternehmen, in deren unterschiedlichen rechtlichen Organisationsformen die hauptsächliche wirtschaftliche Tätigkeit organisiert ist, Unternehmenszusammenschlüsse, auch wirtschaftliche Verbundgruppen genannt, eine besondere Rolle.

1) Unternehmen:

In Japan existieren über 2,5 Millionen Aktiengesellschaften (kabushiki kaisha, KK)[53], von denen etwa 3.700 als Publikumsgesellschaften börsennotiert sind.[54] Hinzu kommt noch eine Vielzahl von kleinen und mittelständischen Unternehmen, den geschlossenen Unternehmen. Die Aktiengesellschaften waren in der Zeit vom Jahr 1900 bis zum Ende des Zweiten Weltkriegs im Jahr 1945 durch einen breit gestreuten Aktienbesitz und primäre Kapitalaufnahmen über den Kapitalmarkt charakterisierbar.[55] In der Zeit nach dem Zweiten Weltkrieg, insbesondere nach dem Ende der Besatzung durch die Vereinigten Staaten im Jahr 1952, bis zur Mitte der 1990er Jahre traten jedoch langfristige Geschäfts- und Finanzbeziehungen, sowie stabile (überkreuzte) Beteiligungsverhältnisse mit sogenannten kooperierenden Aktionären (antei kabunushi) in den Vordergrund und die Finanzierung wurde hauptsächlich über die Hausbanken der Unternehmen abgewickelt.[56] Unter kooperierenden Aktionären werden Anteilseigner verstanden, die mit der Gesellschaft, über das bloße Halten eines Anteils hinaus, in Geschäftsbeziehungen stehen und ihre Beteiligung an dem Unternehmen zur Absicherung einer langfristigen Geschäftsbeziehung und unter der stillschweigenden Übereinkunft halten, dass

---

[48] *van Schaik*, S. 128.
[49] *Schmitz*, S. 11.
[50] *Yamagishi/Yamagishi*, S. 113.
[51] *van Schaik*, S. 127 f.
[52] *Yamagishi/Yamagishi*, S. 114.
[53] Näher zum Recht der japanischen Aktiengesellschaft vgl. *Marutschke*, S. 257.
[54] *Baum/Saito*, Rn. 1.
[55] *Franks/Mayer/Miyajima*, S. 17.
[56] *Baum/Saito*, Rn. 2.

deren Aktien ohne die Zustimmung der Gesellschaft nicht verwässert werden.[57] Zudem sandten sich die überkreuzbeteiligten Unternehmen oftmals Blankostimmrechtsvollmachten für ihre jeweiligen Hauptversammlungen zu, welche sie nach freiem Ermessen nutzen konnten.[58] Zu einem weiteren Schub an Überkreuzbeteiligungen kam es um das Jahr 1965, als aufgrund fallender Aktienkurse eine Übernahmewelle aus den Vereinigten Staaten befürchtet wurde.[59] So hielten schließlich Banken und Versicherungen etwa 40 % sowie Nichtfinanzunternehmen 23 % aller japanischen Aktien. Auf ausländische Anleger entfielen hingegen nur etwa 5 %.

2) Unternehmensgruppen:

Das dargestellte Haussystem in Verbindung mit dem Vertrauensmodell in Japan lässt sich nicht nur im sozialen Gesellschaftssystem wiederfinden, sondern auch im Wirtschaftsleben in Form eines ausdifferenzierten Systems von Unternehmensgruppen (keiretsu). Auch dort spielen innerhalb der Unternehmensgruppen Vertrauen und Harmonie eine besondere Rolle.[60]

Solche Unternehmensgruppen sind hierarchisch gegliedert und jedes Unternehmen der Gruppe und jeder Mitarbeiter eines Gruppenunternehmens hat eine bestimmte Stellung in der Rangordnung der Unternehmensgruppe inne.[61] Innerhalb der Unternehmensgruppe ist das Management für die Tochterunternehmen und die Arbeitnehmer persönlich verantwortlich. Im Gegenzug verhalten sich die Angestellten loyal zu ihrem Arbeitgeber. Eine solche Beziehung kommt in Japan auch außerhalb des Wirtschaftslebens oft vor und wird oyabun/kobun genannt. Ähnliche Verhältnisse finden sich daher auch zwischen Lehrer und Schüler oder Eltern und Kindern. Die unternehmensspezifische Variante eines solchen Über- / Unterordnungsverhältnisses wird senpai/kohai genannt. Der senpai fühlt sich als älterer Unternehmensangehöriger verantwortlich für den jüngeren kohai und bildet ihn aus. Dieser ist im Gegenzug wiederum seinem senpai zu Loyalität verpflichtet.[62] Zugespitzt kann man formulieren, dass die Manager aufgrund dieser Verhältnisse sich selbst und weniger die Anteilseigner als Eigentümer des Unternehmens sehen. Oftmals werden Angestellte auch auf Zeit in andere Unternehmensgruppen entsandt, um den Verbund besser kennenzulernen und ihr persönliches Netzwerk zu anderen Tochterunternehmen und deren Angestellten – auch unter Vertrauensgesichtspunkten – aufzubauen und zu verbessern.[63] Durch diese Art eines quasifamiliären Selbstverständnisses, der stabilen Beteiligungen und der persönlichen Vernetzung erklärt sich das japanische Modell der lebenslangen Beschäftigung von der Beendigung der Schule bis zur Rente in demselben Unternehmen, bzw. der gleichen Unternehmensgruppe. Ebenfalls unter-

---

[57] Vgl. *Okabe*, Are Cross-Shareholdings of Japanese Corporations Dissolving? Evolution and Implications, Nissan Occasional Paper Series No. 33, 2001; *Kukori*, The Relationship of Companies and Banks as Cross-Shareholdings Unwind, NLI Research Paper, 2003.
[58] *Baum/Saito*, Rn. 4.
[59] *van Schaik*, S. 124.
[60] *van Schaik*, S. 128.
[61] *Nakamura*, S. 14.
[62] *van Schaik*, S. 49.
[63] *van Schaik*, S. 125, 49.

stützt wird das System durch die Bezahlung nach Seniorität, wobei das Gehalt eines Angestellten umso höher wird, je länger dessen Unternehmens(gruppen)zugehörigkeit ist.[64]

Aufgeteilt werden können die Unternehmensgruppen in vertikale und horizontale keiretsu. Vertikale Gruppen (zum Beispiel Toyota oder Panasonic) gehören zu dem gleichen Produktionsprozess der Muttergesellschaft, wobei alle Unternehmen innerhalb des Zusammenschlusses entlang der Wertschöpfungskette voneinander abhängen.[65] Gegründet wurden diese Unternehmensgruppen im Wesentlichen in der Zeit im und nach dem Zweiten Weltkrieg. In der Vorkriegszeit waren in Japan die industriellen Produktionsprozesse anders organisiert und erfuhren erst mit Ausbruch des Zweiten Weltkriegs eine umfassende Reorganisation. Während in der Zeit vor dem Jahr 1941 ein Unternehmen in der Regel versuchte, Kosten der Zulieferer und anderer Beteiligter im Produktionsprozess zu minimieren und diesbezüglich oftmals erfolgreich Druck ausüben konnte, mussten mit Kriegseintritt Japans die Produktionskapazitäten massiv ausgeweitet werden. Dies führte dazu, dass die Unternehmen nicht mehr wie bisher nur kleinere und ganz spezifische Aufträge an Dritte vergeben konnten, sondern nunmehr ausführliches technisches Know how und breite Produktionsaufträge auf ihre Zulieferer auslagern mussten (Kooperations-Fabrikensystem). Die Produktionsbeziehungen zwischen den beteiligten Unternehmen waren seitdem nicht mehr an den einseitigen ökonomischen Interessen des Unternehmens orientiert, sondern fokussierten sich auf die soziale und wirtschaftliche Produktionskraft der mittelständischen Zulieferer. Auch nach Ende des Zweiten Weltkriegs änderte sich hieran nichts, da spätestens in den 1960er Jahren die Entwicklungs- und Produktionszyklen immer kürzer und damit immer schneller wurden. Hierdurch änderte sich auch die Rolle der Zulieferer, weg von der Herstellerrolle einzelner unbedeutender Produktionserzeugnisse, hin zu einem Produzenten von wichtigen und selbstentwickelten Industrievolumina. Als Nebeneffekt boten vertikale Unternehmensgruppen zusätzlich eine gute Möglichkeit, feindliche Übernahmeversuche zu verhindern. Zum einen war sehr oft die Muttergesellschaft zu 100 % an ihren zahlreichen Tochterunternehmen beteiligt. Zum anderen machte aufgrund der großen und diversifizierten Zuliefererketten die Übernahme eines einzelnen Zulieferers für ein Bieterunternehmen keinen Sinn, da die einzelnen Unternehmen innerhalb eines Wirtschaftsverbundes zu stark auf das Zusammenspiel anderer Unternehmen in der Gruppe angewiesen waren.[66]

Horizontale Unternehmensgruppen (zum Beispiel Mitsubishi oder Yasuda) lassen sich sehr gut mit dem (oben bereits angesprochenen) Haussystem vergleichen, aus dem sie auch abgeleitet wurden.[67] Sie wurden vornehmlich in den 1950er Jahren geschaffen, um sich gegen befürchtete U.S.-amerikanische Übernahmeversuche und sogenanntes Greenmailing[68] zu schützen.[69] Hier handelt es sich um einen Zusammenschluss von Unternehmen unter einer Muttergesellschaft, die (auf gleicher Höhe) in verschiedenen Branchen agieren. Hier spielen

---

[64] *Milhaupt*, University of Pennsylvania Law Review 149 (2001), 6, 8; *Crump*, S. 5.
[65] *Roßmann*, S. 8 f.
[66] *van Schaik*, S. 133, 142.
[67] *van Schaik*, S. 127.
[68] Näher zu diesem Phänomen unten bei Public M&A-Transaktionen in Japan.
[69] *Morck/Nakamura*, S. 78.

die Hausbanken eine wichtige Rolle, da sich hier besonders viele stabile und Überkreuzbeteiligungen finden lassen.[70] Die gegenseitigen Beteiligungen dienen bei diesen Unternehmensgruppen nicht primär finanziellen Interessen als Anlageobjekte, sondern der langfristigen Stabilität der beteiligten Unternehmen.[71]

---

[70] *Morck/Nakamura*, S. 78.
[71] *Nakamura*, S. 14 f.

D. M&A-Markt in Japan und Deutschland

Die M&A-Märkte der beiden Länder haben eine unterschiedliche Entwicklung durchgemacht. Es lassen sich jedoch auch zahlreiche Parallelen finden, nicht zuletzt bedingt durch die wesentliche angelsächsische Beeinflussung nach dem Zweiten Weltkrieg.

I. M&A-Markt in Japan

Die Entwicklung des japanischen M&A-Marktes ist geprägt von der früheren und lange aufrechterhaltenen Kultur der Abschottung, dem Haussystem und Japans verhältnismäßig junger Rolle als eine der führenden Industrienationen. Die wirtschaftliche und wirtschaftskulturelle Entwicklung des Landes, die auch wesentlich durch den Zweiten Weltkrieg geprägt war, vollzog insgesamt eine bemerkenswerte Öffnung und Anpassung an die globalen Standards des internationalen Wirtschaftssystems. In seiner Entwicklung stand Japan daher zunächst lange Zeit für einen niedrigvolumigen und nach außen hin abgeschlossenen M&A-Markt, konnte sich aber in den letzten Jahrzehnten enorm entwickeln.

1) Tendenz hin zu einem Transaktionsmarkt:

Über Dekaden hinweg waren japanische Unternehmen in einem Umfeld von stabilen Aktionären und multilateralen Überkreuzverflechtungen eingebettet, das weit über die üblichen wirtschaftlichen Beziehungen hinausging.[72] Das quasifamiliäre Selbstverständnis der Unternehmen, das System der lebenslangen Beschäftigung und die wenigen ausländischen Aktionäre stellten ein starkes Übernahme- und Restrukturierungshindernis dar.[73] Hierdurch wurden japanische Unternehmen lange davon abgehalten, an Übernahmen beteiligt zu sein.[74] Sie bevorzugten vielmehr internes gegenüber externem Wachstum.[75] Daher waren auch feindliche Übernahmen der japanischen Kultur lange fremd. Der Verkauf von Unternehmen wurde mit dem Verkauf der dort tätigen Angestellten gleichgesetzt und galt als unmoralisch, gleich ob die Transaktion als freundlich oder feindlich betrachtet wurde.[76] Hinzu kam, dass in der Vergangenheit die Organisation japanischer Unternehmen besonderen gesellschaftsrechtlichen Beschränkungen unterlag. So waren gesetzlich keine reinen Holdinggesellschaften oder Spin offs erlaubt.

Erst ab Mitte der 1990er Jahre nahm der Veränderungsdruck auf die japanischen Unternehmen zu. Die zahlreichen wechselseitigen Beteiligungen waren nur mäßig profitabel und die Unternehmensfinanzierung über die Kapitalmärkte wurde zunehmend günstiger im Vergleich zum Hausbankensystem.[77] Außerdem kam es zu einem globalen Ruck hin zur Stärkung der

---

[72] DIHKJ/RBSC, S. 6.
[73] *Baum*, Marktzugang, S. 84 ff.
[74] *van Schaik*, S. 128.
[75] *Raupach-Sumiya*, S. 24.
[76] *van Schaik*, S. 124 f.
[77] *Baum/Saito*, Rn. 9.

27

Rentabilität und Finanzkraft der Unternehmen. Es wurde mehr Wert auf die Notwendigkeit der Einhaltung internationaler Eigenkapitalstandards (Basel I – III) gelegt, was die japanischen Banken zur Sanierung ihrer Bilanzen zwang, und damit zur Abstoßung ihrer Überkreuzbeteiligungen, um ihre Liquidität erhalten zu können.[78] Hierdurch wurde auch die japanische Industrie gedrängt, ihre Chash Flows zu optimieren, die Rentabilität zu stärken und sich auf ihr Kerngeschäft zu refokussieren.[79] In der Folge kam es zu einem Abbau des Beteiligungsgeflechts zwischen den japanischen Unternehmensgruppen.

Auch die Politik gab ihren Kurs der wirtschaftlichen Abschottung auf und begann sich um ausländische Direktinvestitionen zum Zwecke der Wiederbelebung der einheimischen Wirtschaft zu bemühen. Die Regierung erweiterte sukzessive den rechtlichen Handlungsspielraum der Unternehmen. So vereinfachte sie das Recht der Unternehmenszusammenschlüsse zum Beispiel durch die Zulassung von Aktientäuschen im Jahr 1999 oder von dreiseitigen Zusammenschlüssen auch für ausländische Unternehmen im Jahr 2007. Durch die Maßnahmen der Regierung stieg die Anzahl der M&A-Transaktionen signifikant an.[80] Umgekehrt nahm das Beteiligungsgeflecht zwischen den japanischen Unternehmensgruppen ab. In dieser Phase nahmen die ausländischen Unternehmen, die zuvor auf dem japanischen Markt nicht zum Zuge gekommen waren, eine Katalysatorfunktion ein.[81] Während M&A-Transaktionen und externes Wachstum bei japanischen Unternehmen eher die Ausnahme waren, stellte die Übernahme japanischer Gesellschaften, beziehungsweise eine Beteiligung an diesen, für ausländische Investoren eine tragbare Wachstumsstrategie und Markteintrittsmöglichkeit auf den japanischen Markt dar.[82] Hierdurch ließen sich Aufbauarbeit und -kosten reduzieren, Vertriebskanäle schneller nutzen und Synergieeffekte erzielen.[83] Für viele ausländische Unternehmen stellte die Übernahme eines japanischen Unternehmens damit die natürliche Verlängerung und Evolution ihrer bisherigen Japanstrategie dar.

Durch das Engagement ausländischer Investoren nahm binnen zwanzig Jahren der Anteil an wechselseitigen Beteiligungen in Japan von 64 % auf 35 % ab.[84] Der Anteil von Aktien, die von Banken und Versicherungen gehalten wurden, sank von 42 % auf 27 %. Gleichzeitig stieg der Anteil an Aktien, die von ausländischen Unternehmen gehalten wurden von 4 % auf über 24 %.

Der starke Rückgang der Überkreuzverflechtungen, ein höherer Anteil von ausländischen Anteilseignern und eine stärkere Shareholderorientierung prägten damals und prägen auch heute noch das Bild des japanischen Wirtschaftssektors.[85]

---

[78] *Raupach -Sumiya*, S. 28.
[79] *Raupach-Sumiya*, S. 29.
[80] DIHKJ/RBSC, S. 7.
[81] *Baum/Saito*, Rn. 6.
[82] *Raupach-Sumiya*, S. 30, 32.
[83] *Bromann/Pascha/Philipsenburg*, S. 19.
[84] Japan Securities Research Institute, Securities Markets in Japan 2008; Tokyo Stock Exchange, Fact Book 2012.
[85] DIHKJ/RBSC, S. 12.

Vor diesem Hintergrund fanden freundliche Übernahmen von Unternehmen als Mittel der Umstrukturierung in Japan allmählich größere Akzeptanz.[86] Daher konnten sich in den letzten zwanzig Jahren die M&A-Aktivitäten in Japan verzehnfachen[87], wobei jedoch öffentliche Erwerbsangebote nur eine geringe Rolle spielten. Dies ist aber im Begriff sich zu ändern, nicht zuletzt durch die mit großem Interesse verfolgte öffentliche Übernahme von Sanyo durch Panasonic im Jahr 2009/10.[88] Allerdings war seit dem Jahr 1945 kein genuin feindlicher Übernahmeversuch in Japan erfolgreich, was in den 1920er und 1930er Jahren noch durchaus anders war.[89] Die Akzeptanz auch solcher Maßnahmen als unvermeidliches Merkmal des modernen Wirtschaftslebens wächst jedoch auch in Japan stetig.[90] Es kam sogar im Laufe der Zeit geradezu zu M&A-Hochphasen. Schwierigkeiten bestehen allerdings nach wie vor in der Integration der unterschiedlichen internationalen Unternehmenskulturen, in der dadurch bedingten Langwierigkeit der Abläufe, der Verhandlungskultur sowie in der Informationsbeschaffung über das Zielunternehmen.[91]

2) Bewegungen des M&A-Marktes:

In der jüngeren Geschichte Japans kam es, wie oben bereits angedeutet, immer wieder zu generalisierten Hochphasen für M&A-Transaktionen. Die Gründe hierfür sind in anderen Umständen zu suchen, als sie möglicherweise nur einzelnen Unternehmensübernahmen zugrunde liegen. Zum einen sind hierbei insbesondere externe (System-)Schocks zu nennen. Hierbei handelt es sich um Erschütterungen im wirtschaftlichen, technologischen oder regulativen Umfeld, wobei sich gleichzeitig ausreichend liquides Kapital am Markt befindet, um hierauf in größerem Ausmaß reagieren zu können. In diesem Fall können Ressourcen durch M&A-Transaktionen schnell und effizient reallociert werden. Ermöglicht werden systemische Erschütterungen aber auch durch die generalisierte Über- oder Unterbewertung von Aktien.

Das Management neigt dazu, M&A-Aktivitäten zu forcieren, wenn ihr eigenes Unternehmen überbewertet und/oder andere (Ziel-) Unternehmen unterbewertet sind.[92]

Eine erste Hochphase von Unternehmenstransaktionen lässt sich auf die Zeitspanne zwischen den Jahren 1868 und 1937 verorten. Durch die Matsukata-Reformen der Jahre 1882 bis 1885 gingen viele japanische Unternehmen in die Insolvenz und die absolute Anzahl der japanischen Gesellschaften sank um etwa die Hälfte ab.[93] Gleichzeitig nahm bis ins Jahr 1885 die Anzahl der großen Unternehmen zu. Diese Korrelation legt nahe, dass in dieser Zeit gesunde Gesellschaften die insolventen Unternehmen übernommen haben.[94] Diese Marktreaktion wurde von der Politik begrüßt, da viele der Unternehmen für die japanische Industrie als wichtig angesehen wurden. In den 1920er Jahren verursachten dann eine neuerliche Finanz-

---

[86] *Colcera*, S. 49 ff., 71 ff.
[87] *Muramatsu*, S. 70, 90 f.
[88] *Baum/Saito*, Rn. 10.
[89] *Puchniak*, ZJapanR 28 (2009), 89; *Baum/Saito*, Rn. 12.
[90] *Takahashi/Sakamoto*, ZJapanR 25 (2008), 221.
[91] *Bromann/Pascha/Philipsenburg*, S. 19.
[92] *Nakamura*, S. 13 f.
[93] *van Schaik*, S. 12.
[94] *Röhl*, S. 346.

krise und das Kanto-Erdbeben eine ähnliche Insolvenz- und Übernahmewelle wie in den 1880er Jahren. Diesmal waren vor allem der Elektrizitätssektor und die Textilindustrie betroffen. Aber auch japanische Banken bekamen Probleme. Diese hatten den von der Finanzkrise geschwächten Unternehmen Kredite als Rettungsdarlehen ausgereicht, die nun auszufallen drohten und unzureichend besichert waren. Auch hier übernahmen wirtschaftlich gesunde Banken viele der angeschlagenen Häuser, um ihre Marktposition zu stärken.[95]

Eine weitere Hochphase für Unternehmenstransaktionen ist in den Jahren zwischen 1963 und 1972 auszumachen. Im Rahmen des allgemeinen Wirtschafts- und industriellen Wachstums, vor allem in den Bereichen Bauwirtschaft, Chemie, Automobil sowie Eisen & Stahl, strebte die japanische Regierung danach, ihre einheimischen Unternehmen gegenüber ausländischen Unternehmen und der internationalen Liberalisierung des Kapitals zu stärken und deren Wettbewerbsfähigkeit zu fördern, ohne jedoch übertriebenen Wettbewerb von außen zuzulassen. Freundliche Unternehmensübernahmen waren daher aus Sicht der Politik eine gute Strategie, um die Wirtschaft im Sinne dieser Ziele zu fördern.[96] Gleiches galt auch für die Wirtschaftsbereiche des Einzel- und Großhandels. Hier war aufgrund der Besonderheiten des japanischen Distributionssystems (Einzelhandel mit vielen kleinen Niederlassungen gepaart mit einem stark nach Branchen segmentierten Großhandel) ebenfalls eine Reorganisation gewollt, um international konkurrenzfähig zu sein. Wie wichtig diese Eigenschaft ist, wurde den Japanern in den Jahren 1973 bis 1979 während der Ölkrise vor Augen geführt, als ein nationales Handelsdefizit ausgewiesen wurde. Dies zog in der Folge M&A-Aktivitäten besonders in denjenigen Bereichen nach sich, die besonders von ausländischer Nachfrage und vom Außenhandel abhingen, wie der Produktion von exportorientierten Industrieanlagen und dem Logistikbereich. Gleichzeitig verstärkte sich auch die Übernahmeaktivität in den Wachstumsbranchen Bau, Chemie und Stahl.[97]

Von Mitte bis Ende der 1980er Jahre an erarbeitete die japanische Wirtschaft hohe Gewinne, bei einer gleichzeitig niedrigen Insolvenzquote. Die Unternehmen tätigten viele Investments in Produktionsanlagen und die Verbesserung ihrer Infrastruktur. Gleichzeitig war durch den Wachstumsmarkt auch ein zunehmender Trend zu Unternehmenskäufen zu beobachten, die sich zu dieser Zeit auf etwa 2.000 Transaktionen pro Jahr addierten. Die hohen eigenen Aktienkurse der Unternehmen animierten zu Transaktionen, die in erster Linie in der Hoffnung auf eine schnelle Diversifikation getätigt wurden. Durch die zunehmende Liberalisierung des Kapitalflusses begannen die japanischen Unternehmen nun auch, vermehrt im Ausland zu investieren.

---

[95] *van Schaik*, S. 13 f., 17, 40.
[96] *Nakamura*, S. 56.
[97] *Nakamura*, S. 111 ff.

Das bekannteste Beispiel dürfte in diesem Zusammenhang der Erwerb eines Anteils am New Yorker Rockefeller Plaza in Höhe von 1.5 Milliarden Dollar durch die Mitsubishi Real Estate sein.[98]

Ab Mitte der 1980er bis zum Anfang der 1990er Jahre erlebte aber noch ein weiterer Trend zunehmende Beachtung: das sogenannte Greenmailing.[99] Doch nicht nur dieses Phänomen belastete zunehmend die japanischen Unternehmen. Im Jahr 1989 kollabierte die Aktienmarktblase auf ihrem Höhepunkt. Die Märkte verloren bis zum Jahr 1992 fast die Hälfte ihres Wertes. Zusätzlich platzte auch noch eine Immobilienblase auf dem japanischen Markt, der die Unternehmen und Anleger zusätzlich unter Druck setzte. Vielen Unternehmen gelang es durch diese Marktbelastungen nicht mehr, ihre Schulden zurückzuzahlen. Die zahlreichen non-performing loans auf dem Markt belasteten in der Folge auch die Banken exorbitant. Dies alles führte zu einer Rezession, in welcher einige Unternehmen versuchten, durch Unternehmenstransaktionen eine Reorganisation durchzuführen, durch den Verkauf von Unternehmensteilen an neues Kapital zu kommen, oder insolvente Unternehmen günstig zu übernehmen.[100] In der Folge kam es in den 1990er Jahren zu einer Welle von großen Fusionen (etwa um die 3.000 pro Jahr), wie sie der japanische Markt bis dahin noch nicht erlebt hatte. Gekennzeichnet waren die meisten Transaktionen durch Zusammenschlüsse innerhalb einer größeren Unternehmensgruppe und deren Einbettung in einen industriepolitischen Kontext.[101] Sie waren Teil sektoraler Restrukturierungsprozesse, die von der staatlichen Industriepolitik flankiert und mit dem Ziel wettbewerblicher Flurbereinigung zur Stärkung der internationalen Wettbewerbsfähigkeit betrieben wurden. Es handelte sich somit zum größten Teil um orchestrierte, also einvernehmliche Übernahmen. Diese fanden zwar oft, aber nicht ausschließlich innerhalb einer größeren Unternehmensgruppe statt. Auch horizontale Transaktionen waren häufig zu beobachten, wobei besonders die Branchen der Grundstoff- und Papierindustrie, der Energiesektor sowie die Chemiesparte betroffen waren.[102] Einige Transaktionen fanden auch im Bereich der kleinen und mittelständischen Unternehmen statt, da die Eigentümer in einem Verkauf ein probates Mittel der Unternehmensnachfolge sahen, da das Unternehmen anderenfalls hätte liquidiert werden müssen.[103]

Im Laufe der 1990er Jahre nahm die M&A-Aktivität in Japan, verglichen mit den Vorperioden, um bis zu 70 % zu, wobei sich gleichzeitig auch die Größe der potentiellen Zielunternehmen verachtfachte. Dies galt insbesondere für horizontale Transaktionen in den Bereich Energietechnik, Schwerindustrie und Chemie. Gleichzeitig hatten aber viele Unternehmen nach wie vor finanzielle Probleme und Schwierigkeiten, sich am Markt zu behaupten. Diese nutzten als Restrukturierungsmaßnahme nun vermehrt vertikale Transaktionen, die im Vergleich mit den horizontalen M&A-Deals in der Regel ein geringeres Volumen aufwiesen.[104]

---

[98] New York Times v. 31.10.1989.
[99] Näher zu diesem Phänomen unten bei Public M&A-Transaktionen in Japan.
[100] *van Schaik*, S. 25.
[101] *Raupach-Sumiya*, S. 23, 27.
[102] *Raupach-Sumiya*, S. 26.
[103] Nihon Keizai Shimbun v. 29. Oktober 1999.
[104] *van Schaik*, S. 26 ff.

Bis heute ist seit Ende der 1990er Jahre die Anzahl der Unternehmenstransaktionen stabil geblieben[105], was auch auf solche Deals zutrifft, bei denen über 50 % der Anteile übertragen wurden. Der gesamte Transaktionswert aller M&A-Deals in Japan beträgt im Schnitt etwa 20 Milliarden Euro, wobei in rund 40 % der Fälle ein ausländischer Investor involviert war.[106] Diese für japanische Verhältnisse vergleichsweise hohe Quote internationaler Beteiligung veranlasste die einheimischen Unternehmen zunehmend dazu, defensive Maßnahmen zu ergreifen, um sich ausländischer Einflüsse zu erwehren. Zu solchen Maßnahmen zählten etwa das Aufstocken von Beteiligungen an strategisch wichtigen Unternehmen ihrer Gruppe, die verstärkte Bildung von horizontalen Unternehmensverbänden oder die Implementierung von sogenannten Poison Pills.[107] Dabei sahen sich die (ausländischen) Investoren in Japan auch schon ohne diese Maßnahmen einem schwierigen Marktumfeld ausgesetzt. Insbesondere verhinderte die risikoaverse Investitionskultur lange Zeit die Bereitstellung von Risikokapital oder die Durchführung von gehebelten (leveraged) Buy-outs und Buy-ins. Auch die Entstehung von Private Equity-Fonds wurde lange Zeit durch die Politik verhindert.[108] Fehlende Haftungsbeschränkungen für die passiven Investoren einer Investmentgesellschaft, unzureichende Publizitätsanforderungen bei den Zielunternehmen, die beschränkte Übertragbarkeit der Anteile an Investmentfonds ohne die Zustimmung aller Partner sowie unzureichende Anreize für Fondsmanager, die beispielsweise nicht mit Aktienoptionen incentiviert werden konnten, waren die Hauptargumente, an denen sich der ausländische Investmentmarkt störte.

Seit Ende der 1990er Jahre begann die Rechtsentwicklung in Japan den Bereich der M&A stärker zu beeinflussen.[109] Es kam zu einer erhöhten Mobilisierung von Risikokapital durch (nun einfacher am Markt zu positionierende) Private Equity-Fonds und eine Gründungswelle von Venture-Unternehmen begann.[110] So ermöglichte das Antimonopolgesetz aus dem Jahr 1997 die Gründung reiner Holdinggesellschaften, was seit dem Jahr 1945 in Japan verboten war. Vereinfachte Mergerverfahren sowie Debt to Equity-Swaps wurden eingeführt und seit dem Jahr 1999 waren auch Aktienübertragungen zum Zwecke der Restrukturierung und des Neuerwerbs von anderen Unternehmen erlaubt. Hinzu traten neue Rechnungslegungsregeln, nach denen nun auch konsolidierte Bilanzen und ein Ansatz des Marktwerts anstelle des Buchwerts erlaubt waren. Begleitet wurde dieser gesetzgeberische Liberalisierungsprozess zusätzlich von Reformen des Steuerrechts.[111] Die rechtliche Liberalisierung hatte auch Auswirkungen auf die japanischen Unternehmen, die nun nicht mehr stakeholderzentriert[112], sondern am Shareholder Value orientiert geführt wurden.[113] Dennoch war der japanische M&A-Markt stark unterentwickelt und umfasste bezüglich seines Volumens nur 0,5 % des

---

[105] *van Schaik*, S. 30.
[106] *Raupach-Sumiya*, S. 23.
[107] Auf die einzelnen Abwehrmaßnahmen wird bei Public M&A-Transaktionen detaillierter eingegangen.
[108] *Raupach-Sumiya*, S. 34, 37.
[109] *van Schaik*, S. 29.
[110] *Raupach-Sumiya*, S. 36 f.
[111] *van Schaik*, S. 29.
[112] *Gräwe*, S. 63 ff.
[113] *van Schaik*, S. 125.

japanischen Bruttoinlandsprodukts (BIP), wohingegen es beispielsweise der U.S.-amerikanische Markt auf 21 % des eigenen BIP brachte.[114]

Der soziale Zwang in Japan, bei Fusionen und Übernahmen zumindest den Anschein der Gleichberechtigung zu wahren[115], verlor schließlich ab dem Jahr 2000 stark an Bedeutung, denn die letzten zwölf Jahre waren zunehmend gekennzeichnet durch immer aggressivere (und auch feindliche) Übernahmeversuche durch Investmentgesellschaften. Diese kauften vornehmlich unterbewertete japanische Unternehmen, um den Shareholder Value zu erhöhen.[116] In diesem Zusammenhang tauchten auch zum ersten Mal genuin japanische Corporate Raider auf, wie die M&A Consulting. Darauf ist es auch zurückzuführen, dass japanische Unternehmen wieder ein verstärktes Bedürfnis an stabilen Beteiligungsverhältnissen verspürten.[117] Als Folge gab der japanische Industrieverband Nippon Keidanren zunächst seine Politik der Deregulierung und Marktöffnung auf und plädierte für eine Verschiebung von Teilen der Novellierung des Gesellschaftsrechts im Jahr 2005.[118] Es herrschte der Eindruck, dass das japanische Recht durch Deregulierung (feindliche) Übernahmen erleichtern würde und im Gegenzug Verteidigungsmaßnahmen nicht ausreichend zur Verfügung stünden.[119] Es wird jedoch davon ausgegangen, dass lediglich der Einsatz verschiedener aktienrechtlicher Instrumente zur Abwehr einer feindlichen Übernahme ungeklärt war.[120] Bereits im Jahr 2007 hatten daher schon etwa 25 % der börsennotierten japanischen Unternehmen Abwehrmaßnahmen nach dem Vorbild der U.S.-amerikanischen Poison Pill in verschiedenen Ausprägungen vorgenommen[121], worauf die Aktienkurse jedoch überwiegend negativ reagierten.[122]

---

[114] *Raupach-Sumiya*, S. 23.
[115] *Raupach-Sumiya*, S. 39.
[116] *Baum/Saito*, Rn. 23.
[117] *Taki/Nishino/Konuma*, S. 7.
[118] *Witty*, ZJapanR 25 (2008), 165. Diese traten dann schließlich erst im Jahr 2007 in Kraft. Zur Novellierung vgl. *Marutschke*, S. 253.
[119] *Mitoma*, The Japanese Annual of International Law 50 (2007) 124, 134.
[120] *Kanda*, S. 414.
[121] *Hayakawa*, S. 3092.
[122] *Arikawa/Mitsusada*, S. 23 ff.

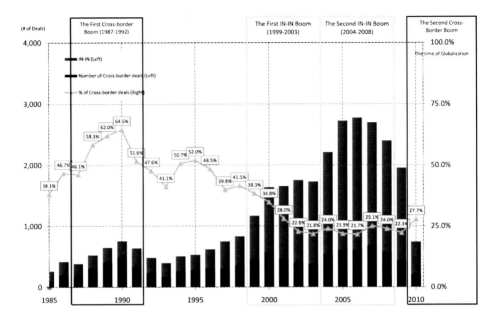

Abb. 1: M&A-Trend in Japan seit 1985[123]

II. M&A-Markt in Deutschland

Auch der M&A-Markt in Deutschland hat sich im Laufe seiner Entwicklung und Einbindung in die internationale Finanzwelt zwar schrittweise geöffnet, er ist aber auch heute noch stark von seinen traditionellen Wurzeln geprägt.

1) Marktcharakteristik:

Die deutsche Wirtschaft war und ist im Wesentlichen dezentralisiert und mittelständisch geprägt. Die meisten Unternehmen sind daher keine börsennotierten Publikumsgesellschaften, sondern als Gesellschaften mit beschränkter Haftung oder Kommanditgesellschaften organisiert, die sich oftmals in der Hand eines oder weniger Eigentümer befinden. Diese sehen sich eher als Patriarchen des Unternehmens und weisen eine emotionale Bindung zu ihm auf, als ihr Engagement als handelbares Vermögensasset anzusehen. Hierdurch ist es bedingt, dass der Auf- und Ausbau von Unternehmen in Deutschland nach wie vor überwiegend durch internes anstatt durch externes Wachstum betrieben wird.

Diese Situation verändert sich jedoch zunehmend dadurch, dass sich immer mehr Unternehmer Problemen bei der Unternehmensnachfolge gegenübersehen und mit einem den Selbstfi-

---

[123] Übersicht von Dockstoc.com, dort im Internet abrufbar unter dem Stichwort „Japan M&A Trends".

nanzierungsrahmen übersteigenden Kapitalbedarf ihres Unternehmens konfrontiert sind.[124] Auch Großunternehmen in Deutschland haben einen zunehmenden Reorganisationsbedarf, was die Kapitalseite ihrer Bilanz betrifft. Es ist der Arbeit der (größtenteils ausländischen) Investmentbaken während der letzten Jahrzehnte zu verdanken, dass hier ein Bewusstsein für Veränderungen geschaffen und viele Schritte in diese Richtung bereits eingeleitet wurden. So transformierte sich auch das deutsche Universalbankensystem, welches oftmals M&A-Transaktionen erschwert hatte.[125] Unternehmen werden nicht mehr nur als Kreditnehmer betrachtet, sondern auch über die gesamte passive Seite ihrer Bilanz beraten.[126] Dennoch wird Deutschland noch länger ein Netto-Käuferland bleiben, was bedeutet, dass bezogen auf den weltweiten Markt für Unternehmensübernahmen deutsche Unternehmen mehr ausländische Unternehmen kaufen, als von diesen übernommen werden.[127]

2) Bewegungen des M&A-Marktes:

Der deutsche und kontinentaleuropäische M&A-Markt ist im Vergleich zu seinem U.S.-amerikanischen Pendant noch sehr jung. Dieser entwickelte sich bereits gegen Ende des 19. Jahrhunderts. Ausgelöst durch den technologischen Fortschritt, politische Veränderungen oder wechselnde Managementtrends kam es immer wieder zu wechselnden Perioden von starken und schwachen M&A-Märkten, wobei insgesamt bis heute (aber zunächst nur auf dem führenden angelsächsischen Markt) sechs Wellen identifiziert werden können. Die verschiedenen Hochphasen wurden dabei fast immer durch einen Systemschock beendet.[128]

Die erste M&A-Welle fand in den USA in den Jahren 1897 bis 1904 statt. Ausgelöst durch die industrielle Revolution und Produktionserleichterungen kam es zu Überkapazitäten und damit einhergehend zu einem Preisverfall vieler Produkte. Aufgrund der großen „Panik des Jahres 1893", die durch den Zusammenbruch der Eisenbahn- und Bankenindustrie in den USA ausgelöst wurde, wollten die Unternehmen möglichst schnell hohe Rücklagen erwirtschaften, um sich gegen die wirtschaftlichen Schwankungen abzusichern. In der Folge versuchten viele Unternehmen durch Monopolbildung in Form von horizontalen Zusammenschlüssen ihre Konkurrenten auszuschalten und so den Preisverfall zu stoppen.[129] Dies gelang auch zunächst, denn erst in den 1930er Jahren sahen sich die Konzerne ernsthafterer Konkurrenz von kleineren Unternehmen ausgesetzt, die zunehmend zusammenarbeiteten um die Marktmacht der großen Konglomerate zu brechen. Diese waren zudem mit hohen Fixkosten belastet und konnten aufgrund ihrer Größe und Komplexität nicht mehr kurzfristig auf Markt-änderungen reagieren. Die zweite Welle in den Jahren 1916 bis 1929 wurde durch die Verabschiedung neuer Monopolgesetze ausgelöst. Da sich aufgrund der gerade beschriebenen wirtschaftlichen Umstände große Monopolstrukturen auf dem Markt gebildet hatten, einige kontrollierten 50-90 % ihrer Branche[130], versuchten die großen Konzerne die strengen Gesetz-

---

[124] *Vogel*, S. 45.
[125] Siehe hierzu auch unten den Abschnitt zu feindlichen Übernahmen.
[126] *Vogel*, S. 46.
[127] Witten/EY, S. 14.
[128] *Wirtz*, S. 88.
[129] Witten/EY, S. 8.
[130] US Steel kontrollierte zeitweilig z.B. 65 % des nordamerikanischen Stahlmarktes, vgl. Witten/EY, S. 8.

esvorgaben vornehmlich durch vertikale Merger zu umgehen und fokussierten sich auf die Komplettierung ihrer Wertschöpfungskette. Beendet wurde diese Phase durch den Black Friday und die Weltwirtschaftskrise[131], wodurch die Transaktionstätigkeit zeitweise um bis zu 85 % einbrach.[132] In der ersten und zweiten Welle zusammen wurden insgesamt bis zum Jahr 1929 etwa 1.200 Transaktionen gezählt.[133] Die dritte Hochphase in den Jahren 1965 bis 1969 war die letzte, die an dem deutschen Markt vorbeizog, ohne im Inland zu verfangen. Die zu dieser Zeit besonders populäre ökonomische Portfoliotheorie von Harry Markowitz propagierte eine möglichst große Diversifikation zur Streuung von ökonomischen Risiken und zum Widerstand gegen Konjunkturschwankungen. Es kam daher durch insgesamt etwa 6.000 M&A-Transaktionen zu der Bildung von großen, breit gestreuten Konglomeraten, die viele Betätigungsfelder aufwiesen.[134]

Deutschland traf hingegen erst die vierte M&A-Welle in den Jahren 1984 bis 1989, die von der beginnenden Internationalisierung und entgegen der (zuvor noch gelobten) Portfoliotheorie nunmehr von einer Rückbesinnung auf das eigene Kerngeschäft und damit einer Desintegration geprägt war. Weltweit wurde diese Hochphase als „Mergermania" bekannt. Sie war geprägt von einer Liberalisierung der Monopol- und Steuergesetze.[135] In Europa bildete das Startsignal die Öffnung des UK-Finanzmarktes für ausländische Unternehmen und das Bestreben nach einem gemeinsamen Finanzmarkt in der Europäischen Gemeinschaft im Jahr 1986.[136] Bereits ein Jahr später machte die einheitliche europäische Akte den Weg frei für den europäischen Binnenmarkt und eine massive Liberalisierung und Deregulierung der Kapitalmärkte.[137] Daneben wurden in ganz Kontinentaleuropa neuartige Finanzinstrumente geschaffen, welche die M&A-Aktivität weiter erhöhten und erstmals feindliche Übernahmen und ein Corporate Raiding[138] ermöglichten.[139] In Deutschland herrschte aufgrund dieser Maßnahmen jedoch eher Skepsis, weswegen die Kapitalmarktorientierung und Entwicklung des M&A-Marktes erst verspätet einsetzten.[140] Schließlich stimmte Deutschland einer Öffnung aber doch zu, nicht zuletzt, weil die internationale Konkurrenz auf den Kapitalmärkten immer stärker wurde. Dies machte sich insbesondere in einem umfangreichen Geschäftsabfluss in Richtung London bemerkbar.[141] Diese Entwicklung wurde unterstützt durch den großen Finanzierungsbedarf und die starke Marktentwicklung nach der deutsch-deutschen Wiedervereinigung Ende der 1980er Jahre. Vor diesem Hintergrund registrierte das Bundeskartellamt (BKartA) von 1985 bis Anfang der 1990er Jahre eine Verdreifachung der genehmigungspflichtigen Transaktionen in Deutschland.

---

[131] *Grube/Töpfer*, S. 4.
[132] *Bitterer*, S. 24.
[133] *Bitterer*, S. 24.
[134] *Wirtz*, S. 89.
[135] Insbesondere einer steuerlichen Begünstigung von Fremdkapital vor Eigenkapital, vgl. Witten/EY, S. 10.
[136] *Bitterer*, S. 13.
[137] *Loheide*, S. 48.
[138] Dt. etwa "Unternehmensplünderung". Damit ist der Erwerb von Anteilen an Unternehmen gemeint, um diese entweder kurzfristig mit Gewinn weiter zu veräußern oder um diese zu zerschlagen.
[139] *Strohmer*, S. 3.
[140] *Klagge*, Zeitschrift für Wirtschaftsgeographie 53 (2009), 1, 8.
[141] *Grote*, S. 178.

Seit den 1990er Jahren wurden eine ganze Reihe von Finanzmarktförderungs- und Innovationsgesetzen in Deutschland verabschiedet, gepaart mit einer weiteren Absenkung von Markteintrittsbarrieren.[142] Dies führte zu der fünften M&A-Welle in den Jahren 1993 bis 2000. In dieser Zeit wurden weltweit etwa 36.700 Transaktionen durchgeführt, mit einem Gesamtvolumen von etwa US$ 3.6 Billionen. Hierbei handelte es sich um die bis dahin volumenstärkste Welle der Geschichte, die insbesondere durch mehrere Mega Deals mit deutscher Beteiligung bestimmt wurde, wie etwa die Übernahme von Mannesmann durch Vodafone oder die Fusion von Daimler und Chrysler. Möglich wurden diese Mega Deals erst durch das Zunehmen von grenzüberschreitenden Transaktionen im Rahmen der fortschreitenden Liberalisierung des Güter-, Personen- und Kapitalverkehrs.[143] Solche Mega Deals waren jedoch in Deutschland allerdings die Ausnahme. Vielmehr wiesen 82 % aller Übernahmen hierzulande Zielunternehmen mit weniger als EUR 50 Millionen Umsatz aus.[144] Insgesamt wurden innerhalb der fünften Welle etwa 1.800 kartellprüfungspflichtige Transaktionen beim BKartA angemeldet, wobei jedoch die tatsächliche Anzahl weitaus höher liegen dürfte, da seit der 6. GWB-Novelle im Jahr 1999 die Schwellenwerte für eine Meldpflicht massiv erhöht wurden.[145] Das Transaktionsvolumen des M&A-Marktes in Deutschland stieg bis zum Jahr 2000 auf US$ 397 Milliarden an und bildete so 12 % des hiesigen BIP.[146] Hierbei handelte es sich allerdings fast ausschließlich um horizontale Deals zur Konsolidierung der Branchen und Erreichung der Marktführerschaft der Bieter. Dabei standen besonders Technologieunternehmen im Fokus des Geschehens. Die Welle schwächte sich erst durch die Aktienbaisse und den Konjunktureinbruch des Jahres 2000 wieder ab.

Die sechste und bisher letzte Hochphase fand in den Jahren 2003 bis 2008 statt. Sie war gekennzeichnet von nationalen und grenzüberschreitenden Kooperationen und Unternehmenszusammenschlüssen. Nach einer Studie von Thomson Financial war das Jahr 2007 mit einem Transaktionsvolumen von US$ 4.063 Mrd. das volumenstärkste M&A-Jahr aller Zeiten.[147] In dieser Phase fanden in Deutschland etwa 12.000 Transaktionen statt, wobei im Jahr 2006 mit 1.830 anmeldepflichtigen Deals beim BKartA ein neuer Rekord erreicht wurde.[148] Die große Mehrheit der Übernahmen machten jedoch mittlere und kleinere Transaktionen[149] aus, womit endgültig eine Abkopplung der Häufigkeit von Transkationen von der Größe der Unternehmen eintrat. Dabei wurden vor allem Mehrheitsbeteiligungen beziehungsweise vollständige Übernahmen quer über alle Industriesegmente angestrebt. Gestoppt wurde die Welle erst durch die Wirtschafts- und Finanzkrise, die das M&A-Geschäft in Deutschland teilweise um bis zu 50 % reduzierte.[150]

---

[142] *Bitterer*, S. 13.
[143] *Gerth*, S. 6.
[144] Witten/EY, S. 11.
[145] *Unterreitmeier*, S. 3 f.
[146] *Kern*, S. 26.
[147] Handelsblatt v. 21.11.2007, S. 25.
[148] *Özdag*, S. 30.
[149] Witten/EY, S. 21.
[150] Börsen-Zeitung v. 07.01.2010.

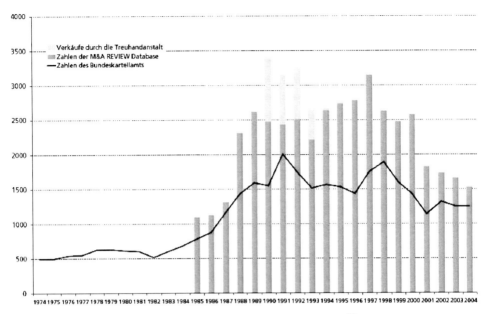

Abb. 2: Entwicklung des M&A-Marktes in Deutschland[151]

Seit dem Jahr 2008 kam es zu keiner M&A-Welle mehr in Deutschland, obwohl die Abstände zwischen den einzelnen Hochphasen immer kleiner wurden. Heute sind die Banken, auch wegen der stetig verschärften Eigenkapitalvorschriften zurzeit Basel III) zurückhaltender geworden bei der Finanzierung von (großen) Übernahmen, weil diese oftmals umfangreich und riskant sind. Dies wirkt sich vor allem auf die Private Equity-Fonds aus, die für gehebelte Transaktionen viel Fremdkapital benötigen. Diese sind im deutschen Markt derzeit kaum noch wahrnehmbar.[152] Stärker hervorgetreten in den letzten Jahren sind hingegen strategische Investoren, da sie ihre Zukäufe meist aus Barmitteln oder bestehenden Kreditlinien finanzieren. Alles in allem konnte sich der einheimische M&A-Markt aber in den letzten Jahrzehnten sehr gut entwickeln und bildet heute den viertgrößten Markt weltweit[153] mit etwa 6 % des weltweiten Anteils am M&A-Geschäft.[154] Wesentlichen Anteil an dieser positiven Entwicklung hatten die internationalen Investmentbanken, die mit ihrem Deutschlandgeschäft ab Mitte der 1980er Jahre begannen und Deutschland auf Weltmarktniveau brachten.[155]

---

[151] *Voss*, M&A Review 2 (2005), 50.
[152] *Müller-Stewens*, S. 34.
[153] *Özdag*, S. 30.
[154] *Kunisch*, M&A Review 2 (2009), 47, 48.
[155] *Bitterer*, S. 26.

E. Ablauf von M&A-Transaktionen in Deutschland und Japan

Generell kann bei M&A-Transaktionen eine Aufteilung in Private Transactions und Public Transactions vorgenommen werden. Dies gilt sowohl für Deutschland und Japan, als auch weltweit.[156] Private Transaktionen zeichnen sich in erster Linie dadurch aus, dass es sich um eine einvernehmliche Übertragung von Unternehmensanteilen zwischen Käufer und Verkäufer handelt, wobei das Zielunternehmen in der Regel keine Publikumsgesellschaft und nicht börsennotiert ist. Bei öffentlichen Transaktionen sind die Aktien der Zielgesellschaft börsennotiert und daher greifen hier weitere gesetzliche Regelungen des Kapitalmarktrechts, die im privaten M&A-Bereich unbeachtet bleiben können. Durch die Börsenzulassung der Wertpapiere und damit deren freie Handelbarkeit kann es darüber hinaus neben freundlichen Erwerbsangeboten auch zu sogenannten feindlichen Übernahmen kommen, die gegen den Willen der Zielgesellschaft erfolgen, soweit es sich hierbei um eine Publikumsgesellschaft handelt.

I.   Private M&A

Im Bereich der nicht-öffentlichen Unternehmensübernahmen haben sich, unabhängig von den jeweiligen Jurisdiktionen, weltweite Standards entwickelt, nach denen solche Transaktionen abgewickelt werden.[157] Die Feinheiten der jeweilig betroffenen Rechtsordnung kommen dabei nur im Detail zum Tragen und sind vielmehr eine Frage des sogenannten Legal Draftig.

Daher kann sowohl in Deutschland als auch in Japan ein Unternehmenserwerb durch Beteiligungserwerb oder Vermögenserwerb erfolgen.[158] Unter einem Beteiligungserwerb ist die Übertragung aller oder von Teilen von Gesellschaftsanteilen von dem Verkäufer auf den Käufer zu verstehen (Share Deal). Bei einem Vermögenserwerb hingegen handelt es sich um die Übertragung von Wirtschaftsgütern in Form von Sachen und Rechten vom Verkäufer auf den Käufer (Asset Deal).[159] Hierzu zählen insbesondere Immobilien, Produktionsmaschinen und Sachanlagevermögen wie besondere Betriebsvorrichtungen, Vorräte und die Produktionstechnik. Da es sich beim Asset Deal um eine Einzelübertragung jedes individuellen Vermögensgegenstands handelt, ist hierfür eine genaue Beschreibung des Kaufgegenstands im Unternehmenskaufvertrag notwendig. Das bedeutet, dass jeder zu übertragende Vermögensgegenstand genau und unverwechselbar bezeichnet werden muss. Um sicherzustellen, dass alle Assets bei dem Verkauf umfasst werden, sind in der Praxis sogenannte Catch All-Klauseln üblich. Sie bestimmen, dass alle im Kaufvertrag nicht ausdrücklich genannten Assets Teil des verkauften und zu übertragenden Vermögens sind. Vergleicht man die beiden Möglichkeiten der rechtlichen Struktur der Unternehmensveräußerung, so ist festzustellen, dass ein Asset Deal regelmäßig zwar aufwändiger, allerdings auch weniger risikoreich ist, da

---

[156] *Kopp*, S. 2
[157] *Hawranek*, S. 21 ff.
[158] *Nishigaki/Molina*, S. 327.
[159] *Herbes*, S. 25.

nur die tatsächlichen (gegenständlichen) Vermögenswerte übertragen werden und keine Gesellschaften als solche, die mit weiteren vertraglichen Rechten und Pflichten belastet sein können. Vorteil eines Share Deals ist hingegen, dass er einfacher zu strukturieren ist und nicht das Risiko besteht, einzelne Gegenstände außer Acht zu lassen. Das wesentliche Risiko des Share Deals besteht hingegen in der Wirkung der Gesamtrechtsnachfolge, wonach alle, möglicherweise auch versteckten und unerkannten Pflichten und Verbindlichkeiten, sprich: alle rechtlichen und wirtschaftlichen Risiken, auf den Käufer mit übergehen.[160]

Eine solche Private M&A-Transaktion in Deutschland und Japan gliedert sich in der Regel in drei Phasen, die Pre Merger-Phase, die Merger-Phase und die Post Merger-Phase.

1. Pre Merger-Phase

Diese Phase ist geprägt von der Strategieformulierung in Bezug auf die Transaktion und der Suche nach einem geeigneten Akquisitionspartner.[161]

Im Zentrum der Überlegungen zur Strategieformulierung steht die Frage nach der Notwendigkeit einer Transaktion.[162] Das Anstreben von externem Wachstum muss als beste Option für das Bieterunternehmen erscheinen. Anschließend werden die konkreten Ziele und wesentlichen Parameter der Transaktion festgelegt, die Umwelt- und Marktbedingungen geprüft und externe Faktoren miteinbezogen. Im nächsten Schritt wird eine Stärken- und Schwächenanalyse des eigenen Unternehmens erstellt und diesem ein Risiko- und Chancenprofil hinsichtlich des geplanten externen Wachstums gegenüber gestellt. Schließlich müssen die für den Deal benötigten Ressourcen festgelegt, die Vision des zukünftigen gemeinsamen Unternehmens entwickelt und die zuständigen Projektteams aufgebaut werden.

Nach Abschluss der Strategiephase beginnt die Suchphase.[163] Diese wird häufig bereits von externen Beratern, insbesondere Investmentbanken, begleitet. Ziel der Suchphase ist es, durch die Identifikation und sukzessive Streichung von Akquisitionsalternativen schließlich das am besten geeignete Zielunternehmen am Markt festzulegen. Hierzu werden zahlreiche Informationen gesammelt und Profile der möglichen Zielunternehmen hinsichtlich ihrer Größe, Wachstumschancen, Produktportfolios und möglicher Synergien erstellt. Schließlich werden in Abhängigkeit von Qualität und Quantität der gefundenen Alternativen Ranglisten erstellt, in denen Zielunternehmen hinsichtlich ihrer strategischen Stimmigkeit und Erfolgswahrscheinlichkeit der Transaktion gelistet werden.[164] Mit den erfolgversprechendsten Kandidaten findet dann schließlich die Kontaktaufnahme am Ende der Suchphase statt, wobei strikte Vertraulichkeit zu wahren ist um andere potentielle Kandidaten nicht zu verlieren.[165] Die erste Kontaktaufnahme am Ende der Suchphase erfolgt meist durch eine Investmentbank beziehungsweise einen auf Unternehmensübernahmen spezialisierten Berater.

---

[160] *Gräwe/Albien*, AUR 2012, 161, 166.
[161] *Kolesky*, S. 164.
[162] *Pucik*, S. 72.
[163] *Herbes*, S. 33.
[164] *Lucks/Meckl*, S. 86.
[165] *Kerler*, S. 238

Diese stellen dann in einem anonymisierten Informationsbrief die Kennzahlen des Kaufobjekts bzw. des Käufers vor. Bekundet das Zielunternehmen seinerseits Interesse, erfolgt der nächste Schritt in die Merger-Phase.[166]

2. Merger-Phase

Am Anfang der Merger-Phase erfolgt der Abschluss einer Vertraulichkeitsvereinbarung (Nondisclosure Agreement) zwischen den beteiligten Unternehmen.[167] Dies dient dem Schutz des Zielunternehmens bei der Herausgabe von sensiblen Informationen. Hierdurch wird sichergestellt, dass kein Bieter ohne ersthafte Absichten oder ein Trittbrettfahrer, der von der geplanten Transaktion auf anderem Wege erfahren hat, durch das Vorspiegeln eines Kaufinteresses Informationen, zum Beispiel über die Profitabilität des Zielunternehmens, erhält. Typische Problempunkte bei solchen Vertraulichkeitsvereinbarungen sind die Definition des Terminus „vertrauliche Information" und die Frage der „vertraulichen Behandlung", also die grundlegenden Fragen, welche im Rahmen des Verkaufsprozesses erhaltenen Informationen überhaupt vertraulich sind und wie das Bieterunternehmen diese Informationen verwenden darf.[168]

1) Absichtserklärung:

Wurde die Vertraulichkeitsvereinbarung unterzeichnet, so wird im nächsten Schritt – gegebenenfalls nach Vorschaltung erster Sondierungsgespräche – eine gemeinsame Absichtserklärung (Letter of Intent) abgegeben, die sowohl von dem Zielunternehmen, als auch dem Bieter unterzeichnet wird.[169] Die Absichtserklärung dient zur Bekräftigung der Ernsthaftigkeit des Erwerbs- und Veräußerungsinteresses und hat damit in erster Linie verhandlungspsychologische Wirkungen.[170] Sie erleichtert darüber hinaus die Einbindung Dritter, insbesondere der finanzierenden Banken, in die Transaktion. Die Absichtserklärung kann zwar vielerlei rechtliche Gestaltungsformen aufweisen, darunter ist aber stets die Erklärung der Absicht zu verstehen, das Zielunternehmen übernehmen zu wollen und dementsprechend später einen Kaufvertrag abzuschließen. Sie stellt allerdings in aller Regel noch keinen bindenden Vertrag dar, obwohl sie technisch auch als solcher ausgestaltet werden kann. Der Hintergrund dieser rechtlichen Unverbindlichkeit liegt darin, dass die Käuferseite erst die Ergebnisse des detaillierten Prüfungsprozesses (Due Diligence) abwarten möchte, bevor sie verbindliche Erklärungen abgibt.[171]

Obwohl zu diesem Zeitpunkt der Prüfungsprozess noch offen ist, werden regelmäßig vielfältige Eckpunkte der avisierten Transaktion bereits in der Absichtserklärung beschrieben.[172]

---

[166] *Gräwe/Albien*, AUR 2012, 161, 162.
[167] *Nakamoto/Masuda/Watanabe*, Rn. 2.4.
[168] *Gräwe/Albien*, AUR 2012, 161, 162.
[169] *Witty*, S. 522.
[170] *Holzapfel/Pöllath*, Rn. 17.
[171] *Gawlik*, S. 235.
[172] Münchener Handbuch des Gesellschaftsrechts/*Schücking*, § 2, Rn. 32.

2) Due Diligence:

Mit der angloamerikanischen Bezeichnung Due Diligence bezeichnet man die systematische Untersuchung und Bewertung der Chancen und Risiken des Kaufobjekts.[173] Das Konzept der Due Diligence geht auf den anglo-amerikanischen Rechtskreis und dessen Kapitalmarkt- und Anlegerschutzrecht zurück, insbesondere den Securities Act aus dem Jahr 1933. In dem Securities Exchange Act aus dem Jahr 1934 wird die Due Diligence erstmals ausdrücklich als Maßnahme zur Aufdeckung und Vorbeugung von Risiken einer Transaktion erwähnt. In Japan werden Due Diligences hingegen erst seit etwa zehn Jahren regelmäßig eingesetzt.[174]

Die Unternehmensprüfung soll in erster Linie das zwischen den Parteien bestehende Informationsungleichgewicht beseitigen[175] und dem Bieter Auskunft über die rechtliche und finanzielle Situation des Zielunternehmens geben. Ziel ist die Identifikation von Chancen und -risiken aus betriebswirtschaftlicher und rechtlicher Sicht. Die Prüfung wird normalerweise von dem Käufer durchgeführt. Es kommt aber in der Praxis immer häufiger vor, dass vor der Durchführung der Due Diligence durch den Käufer eine eigene vorbereitende Prüfung vom Verkäufer (Vendor Due Diligence) vorgenommen wird, um vorhandene und möglicherweise den Kaufpreis negativ beeinflussende Faktoren bereits im Vorfeld finden und beseitigen zu können.[176] Die Due Diligence liegt dabei sowohl im Interesse des Verkäufers als auch des Käufers. Der Verkäufer kommt hierdurch seinen Aufklärungs- und Sorgfaltspflichten nach und erhält dadurch die Möglichkeit, dem potentiellen Käufer alle Informationen zugänglich zu machen, um eine (mögliche) Haftung zu verringern.[177] Der Käufer kann durch die Due Diligence auf der anderen Seite mögliche Risiken identifizieren, seinerseits die Höhe des Kaufpreises evaluieren und die Ausgestaltung von Garantien und Bedingungen im Kaufvertrag planen. Eine umfassende Due Diligence ermöglicht ferner einen reibungslosen Übergang in der Unternehmensleitung, da die Eigenheiten des Zielunternehmens bereits bekannt sind.[178] Obwohl der Prozess der Due Diligence rechtlich nicht geregelt ist, hat sich in der Praxis auch hier weltweit ein standardisierter und von der jeweiligen Jurisdiktion weitgehend unabhängiger Inhalt herausgebildet.[179]

3) Vertragsverhandlung und Kaufvertrag:

Nach Abschluss der Due Diligence werden in der Regel mit den aus ihr gewonnenen Erkenntnissen die nächsten Schritte durchgeführt, insbesondere die konkreten Vertragsverhandlungen, nach deren Ende der Unternehmenskaufvertrag geschlossen wird. In diesem sind alle bis dato aufgeworfenen Fragen hinsichtlich der Transaktion einer rechtlichen Lösung und Umsetzung zuzuführen, die den gegenseitigen Interessen der Vertragsparteien entsprechen.[180]

---

[173] *Pack*, S. 270.
[174] *Fujiwara/Kametaka*, S. 676.
[175] *Kolesky*, S. 169.
[176] *Hanke/Socher*, NJW 2010, 829, 830.
[177] *Nakamoto/Masuda/Watanabe*, Rn. 1.3.
[178] *Holzapfel/Pöllath*, Rn. 26.
[179] *Fujiwara/Kametaka*, S. 676.
[180] *Gräwe/Albien*, AUR 2012, 161, 165.

Neben der Ausgestaltung des Kaufgegenstands ist wesentlicher und häufig entscheidender Bestandteil des zu verhandelnden SPA der Kaufpreis. Die konkreten Verhandlungen über den Kaufpreis finden auf der Grundlage der Unternehmensbewertung statt.[181] Verbindliche Bewertungsverfahren sind gesetzlich nicht vorgeschrieben. Ebenso sind auch bei der Kaufpreisvereinbarung unterschiedliche Gestaltungen möglich. Ein Festpreis wird regelmäßig bei kleineren Unternehmenskäufen vereinbart. Variable Kaufpreisvereinbarungen kommen eher in Betracht, wenn Unternehmen verkauft werden, deren aktueller Wert (zum Beispiel aufgrund schwankender Umsatzprognosen) unsicher ist. Insbesondere beim Kauf größerer Unternehmen im Wege eines Share Deals werden regelmäßig Vereinbarungen der Gestalt getroffen, dass ein bestimmter Kaufpreis vorläufig festgelegt und gegebenenfalls nach der Unternehmensübergabe und ggf. weiterer Betriebszyklen angepasst wird.

3. Post Merger-Phase

Die Post Merger- oder auch Integrationsphase beginnt unmittelbar nach dem Signing und erreicht ihre Hochphase nach dem Closing. Sie beinhaltet die tatsächliche praktische Umsetzung der Transaktion, die im Ergebnis die erhoffte Gesamtwertsteigerung erbringen soll.[182]

Die Herstellung von Kongruenzen im Bereich der Perspektiven und Interessen der beteiligten Unternehmen[183] enthält dabei das größte wirtschaftliche Erfolgsrisiko. Mehr als 50 % aller im Ergebnis (wirtschaftlich) gescheiterten Transaktionen ist auf Probleme in dieser Phase zurückzuführen.[184]

Zunächst muss der Integrationsgrad bestimmt werden, also die Intensität der Zusammenarbeit der beteiligten Unternehmen, wobei der optimale Grad vom jeweiligen Einzelfall abhängt. In den meisten Fällen wird die Verschmelzung zunächst nur so weit wie unbedingt notwendig vorgenommen werden, um im Übergangsprozess so viel Kontinuität wie möglich beizubehalten.[185] Wesentliche Einflussgrößen für den Grad der Integration sind dabei die strategische Interdependenz und die organisatorische Autonomie.[186]

Die strategische Interdependenz entsteht durch einen Ressourcentransfer zwischen den beteiligten Unternehmen. Durch den Grad an strategischer Interdependenz kommt es zu einer Aufweichung der Grenzen den beteiligten Unternehmen. Ihr Umfang ist davon abhängig, inwieweit gemeinsame Wertschöpfungspotentiale genutzt werden sollen. Grundsätzlich gilt, dass bei horizontalen und vertikalen Zusammenschlüssen eine hohe strategische Interdependenz besteht, da eine gleiche oder ähnliche Branche und Kundenstruktur, beziehungsweise vor- und nachgelagerte Wertschöpfungsketten bestehen. Bei diagonalen Zusammenschlüssen findet sich in der Regel jedoch nur ein geringer Grad an strategischer Interdependenz.

---

[181] *Schneider*, S. 1.
[182] *Pucik*, S. 76.
[183] *Vogel*, S. 236.
[184] *Wirtz*, S. 271.
[185] *Werner*, ZfO 1999, 330, 332.
[186] *Haspeslagh/Jemison*, S. 139 ff.

Der Grad der organisatorischen Autonomie hängt von dem Umfang der geplanten Wertschöpfungspotentiale und dem Ziel der Übernahme ab. Der Autonomiegrad kann daher schwanken zwischen der eigenständigen Erhaltung des Zielunternehmens, einer Symbiose beider Unternehmen oder der vollständigen Absorption. Charakteristisch für die Erhaltung ist ein hohes Maß an Autonomie und ein niedriges Maß an strategischer Interdependenz. Bei solchen Zusammenschlüssen handelt es sich in der Regel um symbolische Akquisitionen, oder um Übernahmen unter bestimmten Kartellvorbehalten. Unter einer Absorption ist das völlige Aufgehen des Zielunternehmens in das Käuferunternehmen zu verstehen. Eine Symbiose schließlich ist durch eine Position zwischen Absorption und Autonomie gekennzeichnet.[187]

Die organisatorische Reihenfolge der Eingliederungsmaßnahmen beginnt meistens mit dem Finanz- und Rechnungswesen sowie dem Controlling, da hier internationale Standards und hohe IT-Integration eine Zusammenlegung erleichtern. Danach folgen die funktionale Zusammenlegung der Fachabteilungen und personelle Verknüpfungen.

II. Public M&A

Das Recht der öffentlichen Unternehmensübernahmen ist, im Gegensatz zu Private M&A-Transaktionen, nicht durch einen mehr oder weniger einheitlichen weltweiten Standard gekennzeichnet, der sich von den jeweils einheimischen Rechtsordnungen abgehoben und verselbstständigt hat. Dies liegt zum einen daran, dass ganz allgemein das Kapitalmarktrecht in allen Rechtsordnungen – zumindest der G7-Staaten, zu denen auch Deutschland und Japan gehören – dichter geregelt ist, als das Gesellschaftsrecht. Zum anderen bietet die Börsennotierung von Unternehmen eine wesentliche größere Angriffsfläche für Bieter, als geschlossene Gesellschaften, was eine engere Anbindung an die jeweiligen Rechtsordnungen erforderlich macht, um ungewollte und gegebenenfalls auch volkswirtschaftlich nachteilige Maßnahmen von Marktteilnehmern zu unterbinden. Rechtliche Unterschiede zwischen deutschen und japanischen M&A-Transaktionen finden sich daher insbesondere in diesem Bereich.

1.   Entwicklung des Übernahmerechts

Sowohl das deutsche, wie auch das japanische Übernahmerecht waren und sind einer ständigen (Weiter-) Entwicklung unterworfen. Wesentlicher Motor hierfür in Deutschland war die Einführung des Wertpapiererwerbs- und Übernahmegesetzes (WpÜG)[188] und das Europarecht, namentlich die Übernahmerichtlinie. Das japanische Recht hingegen orientierte sich zunächst am U.S.-amerikanischen und später am englischen Übernahmerecht. Erst mit der Revision des Gesellschaftsrechts in den Jahren 2005/06 nahmen die Einflüsse des kontinentaleuropäischen Rechts zu.

---

[187] *Waas*, S. 143.
[188] BGBl. I 2001, S. 3822.

a) Japan

Die Entwicklung des japanischen Übernahmerechts zu seiner heutigen Regelungsstruktur vollzog sich schrittweise über einen langen Zeitraum. Es existiert jedoch – im Gegensatz zu Deutschland und vielen anderen Ländern – kein eigenständiges Spezialgesetz, durch das Wertpapiertransaktionen umfassend reguliert werden.

Im Jahr 1948 wurde das japanische Wertpapierbörsen- und Wertpapierhandelsgesetz (japBWpHG)[189] verabschiedet, welches im Wesentlichen auf dem U.S.-amerikanischen Securities Act aus dem Jahr 1933 und dem Exchange Act aus dem Jahr 1934 basiert.[190] Erst im Jahr 1971 wurden Verhaltenspflichten von Bieterunternehmen bei öffentlichen Erwerbsangeboten in rudimentärer Form im japBWpHG aufgenommen. Ziel war zu der damaligen Zeit ein verstärkter Schutz der Aktionäre und die Garantie eines fairen Börsenhandels.[191] Allerdings spielte inoffiziell auch das Interesse an einer wirtschaftspolitischen Kontrolle von ausländischen Direktinvestitionen in Japan eine nicht unwesentliche Rolle.[192] Unter dem Regime dieser Verhaltenspflichten ereigneten sich jedoch nur drei erfolgreiche Unternehmenstransaktionen mittels eines öffentlichen Erwerbsangebots, die noch dazu zwischen Bieter- und Zielunternehmen abgestimmt waren. Sie erlangten daher in der Praxis nur eine geringe praktische Bedeutung.

Im Jahr 1990 wurde das japanische Übernahmerecht umfassend überarbeitet[193] und gilt seit dem in seiner revidierten Form im Kern bis heute. Der Grund für die Notwendigkeit einer umfassenden Überarbeitung lag in dem Bedürfnis der Reputationsverbesserung des japanischen Kapitalmarktes, um attraktiver für ausländische Investoren zu werden. In der Folge kam es zu einer Zunahme der M&A-Transaktionen durch öffentliche Erwerbsangebote.[194] Nach und nach wurden im Laufe der Jahre dann noch weitere Anpassungen vorgenommen. So wurde etwa im Jahr 1994 der Rückerwerb eigener Aktien durch den Emittenten mittels eines öffentlichen Erwerbsangebots geregelt. Zunächst waren solche Rückerwerbsprogramme nur mit Einschränkungen erlaubt, etwa zu dem Zweck, die eigenen Angestellten mit den rückerworbenen Anteilen am Unternehmen zu beteiligen. Nachdem im Jahr 1997 auch Stock Option-Programme für Mitarbeiter und das Management gestattet wurden, führte man im Jahr 2001 schließlich die freie Rückkaufmöglichkeit ein.[195] Diese kann entweder nach dem Gesellschaftsgesetz (Private M&A) oder als öffentliches Übernahmeangebot über die Börse (Public M&A) erfolgen. Bei letzterem richtet sich der Rückkauf nach den allgemein für öffentliche Erwerbsangebote geltenden Bestimmungen.

---

[189] Shoken torihiki-ho, Gesetz Nr. 25/1948.
[190] *Baum/Saito*, Rn. 33.
[191] *Seki*, S. 34 ff.; *Baum/Saito*, Rn. 33.
[192] Dafür spricht, dass gem. Art. 27-2 Abs. 1 japBWpHG a.F. ein Erwerbsangebot zehn Tage vor seiner öffentlichen Bekanntgabe beim Finanzministerium anzumelden war. Diese Regelung wurde jedoch im Jahr 1990 aufgehoben. Seither reicht eine zeitgleiche Anmeldung aus.
[193] *Baum*, AG 1996, 399, 406.
[194] Die erste Transaktion erfolgte Anfang des Jahres 1991 zwischen einer Tochtergesellschaft der Schweizerischen ABB als Käuferin und der japanischen Fuso Donetsu Kogyo KK.
[195] *Shinkokai*, S. 4.

Ebenfalls im Jahr 1997 wurde das Verfahren bei Unternehmensübernahmen vereinfacht. Das Zustimmungserfordernis der Hauptversammlung wurde abgeschafft und einzelne Kreditgeber mussten nicht mehr informiert werden.[196] Zusätzlich wurde ein vereinfachtes Mergerverfahren für solche Fälle eingeführt, dass der Kaufpreis für das Zielunternehmen im Verhältnis zu den Net Assets des Bieters nicht mehr als 20 % beträgt.[197] Im Jahr 1999 wurden durch die Änderung des Handelsgesetzes Stock Swaps und Stock Transfers für japanische Unternehmen erlaubt. Hierdurch wurde es erstmals möglich, reine Holdinggesellschaften zu schaffen, was Unternehmenstransaktionen stark vereinfachte.[198] Im Jahr 2001 wurden dann gesetzliche Regelungen eingeführt, um Spin offs und Split offs zu erleichtern. Danach konnte die Hauptversammlung eines Unternehmens beschließen, eigene Unternehmensteile auf eine andere Gesellschaft zu übertragen und mit den Anteilen der aufnehmenden Gesellschaften bezahlt zu werden. Hierdurch brauchten japanische Unternehmen kein Geld mehr aufzunehmen, um Unternehmensteile kaufen zu können.[199]

In den Jahren 2005 bis 2008 kam es dann zu umfassenderen Novellierungen, insbesondere durch die Reform des japanischen Gesellschaftsrechts. In diesem Zug wurde das japBWpHG in Finanzprodukte- und Börsengesetz (FBG)[200] umbenannt. Von den Novellierungen waren insbesondere Abwehrmaßnahmen in Verbindung mit einem öffentlichen Erwerbsangebot betroffen.[201] Aber auch nach der Reform des Gesellschaftsrechts gab es zahlreiche Gesetzesänderungen, wie etwa die Erleichterung von Tauschangeboten im Jahr 2007. Die Änderungen waren jedoch nicht nur vom dem Geist der Liberalisierung geprägt.

Auch Verschärfungen wurden in das Gesetz aufgenommen, wie etwa die Erhöhung des Strafrahmens bei einem Verstoß gegen Meldepflichten, die Verlängerung der Angebotsfrist, eine Stellungnahmepflicht des Managements der Zielgesellschaft oder verschärfte Publizitätspflichten bei einem Management Buy-out.

b) Deutschland

In Deutschland wurde der rechtliche Rahmen für den Erwerb von Aktien an einer börsennotierten Gesellschaft im Rahmen eines öffentlichen Erwerbsangebots erst in den letzten drei Jahrzehnten geschaffen. Der gesetzlichen Regelung ging dabei zunächst eine freiwillige Selbstregulierung voraus, die sich an dem englischen City Code on Takeovers and Mergers orientierte. Erst im Jahr 1979 verfasste die Börsensachverständigenkommission freiwillige Verhaltensempfehlungen, die als Leitsätze für öffentliche freiwillige Kauf- und Umtauschangebote veröffentlicht wurden.[202] Diesen folgten im Jahr 1995 Verhaltensregeln für freiwillige

---

[196] Zur Willensbildung in der Hauptversammlung vgl. *Marutschke*, S. 274.

[197] *Shishido*, S. 14. Dargestellt wir die aktuelle Rechtslage seit dem Jahr 2007.

[198] *van Schaik*, S. 60.

[199] *Arikawa/Miyajima*, S. 8.

[200] Shohin torihiki-ho, Gesetz Nr. 65/2006 (i.d.F. Nr. 32/2010), in der englischen Version abrufbar unter http://www.japaneselawtranslation.go.jp.

[201] Hierzu näher sogleich.

[202] Leitsätze für öffentliche freiwillige Kauf- und Umtauschangebote bzw. Aufforderungen zur Abgabe derartiger Angebote im amtlich notierten oder im geregelten Freiverkehr gehandelten Aktien bzw. Erwerbsrechten, abgedr. bei *Baumbach/Hopt*, HGB, Nr. 18.

öffentliche Übernahmeangebote[203], die besser bekannt sind als Übernahmekodex. Ein weiterer Schritt in Richtung der Schaffung verbindlicher Regelungen erfolgte dann im Jahr 1998, als die Abgabe einer bindenden Anerkennungserklärung des Übernahmekodex zur Voraussetzung für die Aufnahme in den DAX, M-DAX und (zur damaligen Zeit noch existenten) Neuen Markt erklärt wurde. Es kam allerdings immer wieder zu Verstößen gegen diesen Kodex. Insbesondere wurden die darin geforderten Pflichtangebote oftmals nicht abgegeben.[204]

Am 1. Januar 2002 wurden verbindliche gesetzliche Regelungen für alle Marktteilnehmer in Deutschland durch die Einführung des WpÜG eingeführt. Neben diesem Gesetz finden sich bezüglich öffentlicher Übernahmen auch noch Regelungen im Aktiengesetz (AktG)[205] und Wertpapierhandelsgesetz (WpHG)[206]. Das WpÜG ist in seinen Grundkonzepten seit seiner Verkündung fast unverändert in Kraft. Dennoch haben sich im Laufe der Zeit einige Änderungen ergeben. Die bedeutendste Rolle dabei spielte das Übernahmerichtlinie-Umsetzungsgesetz[207] aus dem Jahr 2006, welches auf die europäische Übernahmerichtlinie[208] aus dem Jahr 2004 zurückgeht.

Diese Richtlinie basierte auf dem Pennington-Bericht aus dem Jahr 1974, der sich mit Übernahmeangeboten in der EG auseinandersetzte und sich ebenfalls eng an den, bereits angesprochenen, englischen City Code anlehnte.[209] Der Bericht wurde bis in Jahr 1978 hinein zwischen verschiedenen Gremien der Kommission diskutiert, dann aber mangels Interesse nicht weiterverfolgt, da er als zu detailliert und zu eng am City Code angelehnt angesehen wurde.[210] Auf größere Zustimmung traf hingegen die Idee einer Rahmenrichtlinie, die sich nur auf allgemeine Regelungen beschränken und erst nach und nach erforderlichenfalls mit mehr Regelungsgehalt gefüllt[211] werden oder gar nur unverbindliche Empfehlungen enthalten sollte.[212] Eine endgültige Entscheidung wurde jedoch nicht getroffen und das Thema verschwand wieder aus dem Fokus der Kommission. Erst sieben Jahre später wurde die Übernahmerichtlinie erneut aufgegriffen, als im Jahr 1985 das Weißbuch über die Vollendung des Binnenmarktes diskutiert wurde. Daraufhin legte die Kommission im Jahr 1989 einen konkreten Vorschlag für eine 13. Richtlinie des Rates auf dem Gebiet des Gesellschaftsrechts über Übernahmeangebote vor.[213] Dieser Vorschlag stieß jedoch auf starke Ablehnung bei den Mitgliedsstaaten, insbesondere in Deutschland. Man wollte vielmehr die nationalen Regelungsregime beibehalten, auf eine Selbstregulierung des Marktes setzen und Pflichtangebote weniger streng regeln.[214] Aber auch die Beratungen zu diesem Richtlinienvorschlag verliefen

---

[203] Abgedr. in ZIP 1995, 1467.
[204] Müller/Rödder/*Oppenhoff*, § 27 Rn. 1.
[205] BGBl. I 1965, S. 1089.
[206] BGBl. I 1998, S. 2708.
[207] BGBl. I 2006, S. 1426.
[208] Richtlinie 2004/25/EG (ABl. L 142/12).
[209] Kommissions-Dokument XI/56/74.
[210] Geibel/Süßmann/*Zehetmeier-Müller/Zirngibl*, WpÜG, Das neue Übernahmerecht, Rn. 3 ff.
[211] *Beß*, AG 1976, 206, 210.
[212] Bericht des DIHT aus dem Jahr 1975, S. 147 ff.
[213] ABl. Nr. C 64 v. 14.03.1989, S. 8 ff.
[214] *Beckmann*, DB 1995, 2407; *Roos*, WM 1996, 2177.

ergebnislos, so dass erst weitere sieben Jahre später ein neuer Entwurf der Kommission vorgelegt wurde, der stark verkürzt war und nur noch wenige allgemeine Rahmenbedingungen beinhaltete.[215] Nach einigen Verhandlungsrunden und Änderungen an der Richtlinie wurde diese schließlich nach Stellungnahme des Europäischen Wirtschafts- und Sozialausschusses und nach Zustimmung durch das Europäische Parlament am 30. April 2004 verabschiedet und am 20. Mai 2004 rechtskräftig. Damit hatte es 15 Jahre gedauert, vom ersten Entwurf der Richtlinie bis zu ihrer Verkündung.

Durch das Inkrafttreten der Übernahmerichtlinie wurden zahlreiche Regelungen des WpÜG geändert, wie etwa die europäische Durchbrechungsregel, das europäische Verhinderungsverbot oder die Einführung des übernahmerechtlichen Squeeze out. Weitere wichtige Änderungen erfuhr das WpÜG im Jahr 2008, in welchem durch die Einführung des Risikobegrenzungsgesetzes[216] Zurechnungsvorschriften (Acting in Concert) und Meldepflichten für Finanzinstrumente und wesentliche Beteiligungen geändert wurden.

2. Öffentliche Erwerbsangebote

Der Kauf eines Unternehmens im Wege eines öffentlichen Erwerbsangebots bildet einen Sonderfall des Unternehmenskaufs. Soweit die Anteile des Zielunternehmens zum Handel an einem organisierten Markt zugelassen sind, finden auf solche Erwerbsvorgänge zusätzliche gesetzliche (kapitalmarktrechtliche) Vorschriften Anwendung. Dies gilt gleichermaßen für Japan, wie auch für Deutschland. In Deutschland findet insbesondere das WpÜG Anwendung, welches detaillierte und zum Großteil zwingende Regelungen zum Inhalt und Ablauf eines öffentlichen Erwerbsangebots enthält.

In Japan finden sich viele gesetzliche Vorschriften im FBG, wobei die dort geregelten Vorschriften hinter der Regelungsdichte des WpÜG zurückbleiben.

a) Japan

Die wichtigste Rechtsquelle für öffentliche Erwerbsangebote[217] (kokai kaitsuke) für alle oder einen Teil der Anteile an einem Zielunternehmen ist das FBG, insbesondere deren Abschnitt 2-2, und die Art. 27-2 bis 27-22. Durch die Verabschiedung des FBG sollte ein regulatorischer Rahmen für eine transparente und anlegerschutzorientierte Ausgabe und den Handel mit Wertpapieren geschaffen, sowie die verfahrensrechtliche Gleichbehandlung aller Wertpapierinhaber sichergestellt werden.[218] Im Jahr 2006 wurde das öffentliche Pflichtangebot in Art. 27-13 Abs. 4 FBG normiert. Diese Regelung wird flankiert durch zwei weitere Rechtsverordnungen, die Durchführungsverordnung zum FBG[219] und die Kabinettsverordnung.[220] Die Aufsicht über die Einhaltung der gesetzlichen Regelungen obliegt dem Aufsichtsamt für

---

[215] ABl. Nr. C 162 v. 06.06.1996, S. 5 ff.
[216] BGBl. I 2008, S. 1666.
[217] Siehe hierzu *Marutschke*, S. 292.
[218] *Baum/Saito*, Rn. 46.
[219] Kin'yu shohin torihiki-ho shiko-rei, Verordnung Nr. 321/1965 (i.d.F. Nr. 137/2010).
[220] Hakko-sha igai no mono ni yoru kabuken-to no kokai kaitsuke no kaiji ni kansuru naikaku-fu rei, Verordnung Nr. 38/1990 (i.d.F. Nr. 78/2009).

Finanzdienstleistungen, Kin'yu-cho (FSA). In der Praxis erfolgt jedoch die Einreichung von Dokumentation zu öffentlichen Erwerbsangeboten elektronisch an das zuständige Finanzamt im Kanto-Gebiet.[221]

Art. 27-2 Abs. 6 FBG definiert ein öffentliches Erwerbsangebot als Abgabe eines Angebots zum Erwerb einer bestimmten Zahl von Wertpapieren außerhalb eines geregelten Marktes zum Handel mit Finanzinstrumenten, das gegenüber einer unbestimmten größeren Zahl von Personen öffentlich abgegeben wird und entweder einen direkten Erwerb des Bieters bezweckt oder auf die Abgabe von Verkaufsangeboten durch die Wertpapierinhaber abzielt. Unter Wertpapieren werden dabei Anteile verstanden, die ein Stimmrecht oder eine indirekte Beteiligung (zum Beispiel in Form eines Hinterlegungsscheins) oder eine Berechtigung zum Erwerb (zum Beispiel ein Optionsrecht oder eine Wandelschuldverschreibung) vermitteln. Nicht gezählt werden darunter Wertpapiere, die kein Stimmrecht vermitteln.[222] Diese Anteile müssen an einer in Japan inkorporierten Aktiengesellschaft bestehen, oder an einem ausländischen Unternehmen, welches in Japan der periodischen Berichtspflicht unterliegt.

Als Erwerbsvorgang wird der außerbörsliche Erwerb erfasst, also Erwerbsvorgänge außerhalb eines geregelten Marktes zum Handel mit Finanzinstrumenten. Erwerbsvorgänge innerhalb eines geregelten Marktes sind hingegen nicht erfasst, da in diesem Fall die strengen Handelsabläufe und Vorschriften der Börse Platz greifen. Als geregelter Markt wird ein Marktplatz verstanden, der von der japanischen Wertpapierbörse (Tokioter Börse TSE) oder von einer anderen Kapitalgesellschaft betrieben wird.[223]

Um ein öffentliches Erwerbsangebot abgeben zu müssen, muss zumindest einer von fünf auslösenden Tatbeständen erfüllt sein[224]:

1. Ein außerbörslicher Aktienerwerb von mindestens 5 % der im Umlauf befindlichen Aktien des Zielunternehmens, ausgenommen private Paketverkäufe innerhalb von sechzig Tagen, bei denen nicht mehr als zehn Personen beteiligt sind;
2. Private Paketverkäufe, wenn der Erwerber damit mehr als ein Drittel der stimmberechtigten Anteile an dem Zielunternehmen hält, außer es handelt sich um Erwerbsvorgänge innerhalb einer Unternehmensgruppe;
3. Börsentransaktionen, die über die Börse vermittelt wurden. Diese werden als Form des unmittelbaren Kaufs qualifiziert und wie ein privater Paketkauf behandelt;[225]

---

[221] Gesetzlich zuständig ist der Ministerpräsident Japans, dessen Büro seit dem Jahr 2001 die FSA untersteht. Dieser hat den Generaldirektor der FSA autorisiert, alle Unterlagen anzunehmen und zu prüfen. Dies wurde von der FSA wiederum teilweise an die örtlichen Finanzämter weiterdelegiert, vgl. *Aoki*, ZJapanR 16 (2003), 13, 15.

[222] *Baum/Saito*, Rn. 51 f.

[223] *Baum/Saito*, Rn. 54. Zur Zeit existieren solche Marktplätze jedoch nicht. Als früheres Beispiel kann die JASDAQ Securities Exchange angeführt werden.

[224] *Baum/Saito*, Rn. 56 f.

[225] Auf diese Art und Weise versuchte beispielsweise Livedoor im Jahr 2005 durch Zukäufe außerhalb der Börsenzeiten eine verdeckte Mehrheitsbeteiligung an NBS aufzubauen.

4. Aufbau eines Anteils von mehr als einem Drittel der stimmberechtigten Anteile durch verschiedene Erwerbsmethoden innerhalb von drei Monaten und von denen mehr als 5 % außerbörslich und 10 % anderweitig erworben wurden; oder

5. Ein Dritter gibt ein öffentliches Erwerbsangebot ab und der Bieter hält bereits über ein Drittel der stimmberechtigten Anteile an dem Zielunternehmen und will nun mehr als 5 % der Anteile im Rahmen des Erwerbsangebotes des Dritten erwerben.

Von diesen fünf hier dargestellten Tatbeständen, die ein öffentliches Erwerbsangebot auslösen, existieren freilich auch Ausnahmen. Zum Beispiel, wenn die Zielgesellschaft weniger als 25 Aktionäre hat und diese dem Erwerb zugestimmt haben, oder wenn es sich um unternehmensgruppeninterne Erwerbe handelt.

Erfolgt nur ein öffentliches Teilangebot, so erfolgt der Kauf der Anteile durch den Erwerber pro rata von den Eigentümern der Wertpapiere. Durch das öffentliche Erwerbsangebot entsteht nämlich keine Verpflichtung des Bieters, alle Anteile des Zielunternehmens zu erwerben, sondern er kann dies in einem Umfang tun, den er selbst festlegt. Dabei besteht weder das Erfordernis eines Mindestpreises, noch eines angemessenen Preises. Das Angebot muss lediglich aus Anlegerschutzgründen den gleichen Kaufpreis und einheitliche Kaufbedingungen für alle annehmenden Aktionäre enthalten.

Für die Berechnung der Prozentschwellen bei der Frage, ob ein öffentliches Übernahmeangebot abgegeben werden muss, werden zum einen die stimmrechtsvermittelnden Anteile an dem Zielunternehmen gezählt, die der Bieter selbst hält. Dazu zählen auch Optionsrechte und Wandelschuldverschreibungen. Hinzugezählt werden zum anderen Stimmen Dritter, die dem Bieterunternehmen zugerechnet werden. Dies kann der Fall sein aufgrund einer situationsbedingten Konstellation, zum Beispiel bei engen Verwandtschaftsverhältnissen, oder bei juristischen Personen die Anteile von mindestens 20 % aneinander halten.

Eine Zurechnung erfolgt aber auch aufgrund eines konkreten Verhaltens Dritter, beispielsweise aufgrund schuldrechtlicher Vereinbarungen oder eines sogenannten Acting in Concert.[226]

Ist ein Stimmenanteil von 5 % an einer japanischen börsennotierten Aktiengesellschaft erreicht, so ist dies seit dem Jahr 1990 in Berichtsform zu melden. Der Bericht hat neben der bloßen Meldung der Überschreitung des Stimmenanteils zu enthalten, wer die entsprechende Befugnis zur Ausübung des Stimmrechts innehat, beziehungsweise wer zur Erteilung von Weisungen über die Geschäftsaktivitäten befugt ist. Dieser Bericht ist in Form eines Standardformulars innerhalb von fünf Tagen ab Überschreiten der Stimmrechtsschwelle schriftlich bei der FSA und bei derjenigen Börse, welche die Aktien des Unternehmens zugelassen hat, einzureichen.

Das öffentliche Erwerbsangebot muss eine Mindestlaufzeit von zwanzig Tagen haben und darf höchstens über einen Zeitraum von sechzig Tagen aufrechterhalten werden. Bei einer Laufzeit von unter dreißig Tagen darf jedoch die Zielgesellschaft binnen zehn Tagen nach Veröffentlichung eine Verlängerung um dreißig Tage verlangen.

---

[226] *Baum/Saito*, Rn. 64 f.

Das öffentliche Erwerbsangebot kann ferner an bestimmte Bedingungen geknüpft werden. So kann zum Beispiel festgelegt werden, dass eine bestimmte Annahmequote erfüllt sein muss, oder dass sich der Bieter Änderungen des Angebots oder dessen teilweise oder vollständige Rücknahme vorbehält. Änderungen oder Ergänzungen des Erwerbsangebots sind nur unter diesen Einschränkungen zulässig. Es ist nicht erlaubt, den Kaufpreis nach Veröffentlichung des Angebots Herauf- oder Herabzusetzen, die Anzahl der aufzukaufenden Aktien zu verändern oder die Angebotsfrist zu verkürzen.

Auch eine Rücknahme des Angebots ist im Prinzip unzulässig, es sei denn wesentliche Veränderungen im Anlagevermögen oder im Geschäftsverlauf der Zielgesellschaft haben sich ergeben und der Bieter hat sich einen Rücktritt von dem Erwerbsangebot in dessen Angebotsbedingungen vorbehalten. Dies gilt jedoch nicht, soweit wesentliche Veränderungen auf Seiten des Bieterunternehmens eintreten, wie etwa eine Insolvenz. Eine Rücknahme eines öffentlichen Übernahmeangebots ist früher de facto in Japan nicht vorgekommen. Erst mit dem vermehrten Aufkommen von Abwehrmaßnahmen der Zielunternehmen ist dies in Japan auf die Agenda gerückt.

Spätestens zehn Tage nach der Abgabe des öffentlichen Erwerbsangebots ist die Verwaltung der Zielgesellschaft verpflichtet, eine schriftliche begründete Stellungnahme zu dem Angebot abzugeben und bei der FSA, mit einer Kopie für das Bieterunternehmen, einzureichen. Darüber hinaus muss das Management angeben, wie hoch der Stimmrechtsanteil der Verwaltungsratsmitglieder an der Zielgesellschaft ist. Zusammen mit der verpflichtenden Stellungnahme des Verwaltungsrats der Zielgesellschaft darf dieser Fragen an den Bieter richten, welche der Bieter innerhalb von fünf Tagen schriftlich beantworten und seinerseits bei der FSA einreichen muss. Die Verweigerung einer Antwort hat das Bieterunternehmen ausreichend zu begründen. Ein weiterer Informationsaustauch zwischen Bieter- und Zielunternehmen ist gesetzlich nicht bestimmt und wird durch den Markt und die betroffenen Personenkreise in der Regel von selbst geregelt.

Diejenigen Aktionäre, die das Erwerbsangebot angenommen haben, können hingegen jederzeit und ohne Angabe von Gründen vom Verkauf zurücktreten, solange die Angebotsfrist noch läuft. In einem solchen Fall kann weder eine Vertragsstrafe vereinbart, noch Schadensersatz verlangt werden. Lediglich die durch den Rücktritt direkt verursachten Kosten, wie zum Beispiel Bankgebühren, hat der zurückgetretene Aktionär zu tragen.

aa) Feindliche Übernahmen

Öffentliche Erwerbsangebote können mit dem Zielunternehmen vorher abgestimmt werden und wären somit als freundlich zu qualifizieren. Sie können aber auch nicht mit dem Zielunternehmen abgestimmt und sogar gegen dessen Interesse abgegeben werden. Solche Erwerbsangebote sind dann als feindlich zu qualifizieren. Dies unterscheidet Private M&A-Transaktionen von Public M&A-Transaktionen, da erstere grundsätzlich nur einvernehmlich durchgeführt werden können.

Neben der Abgrenzung von freundlichen und feindlichen Übernahmen ist es darüber hinaus wichtig, feindliche Übernahmen beziehungsweise Übernahmeversuche von einem weiteren Phänomen des Kapitalmarkts abzugrenzen, das man Greenmailing nennt. Der Erwerb von Anteilen an Unternehmen wird dabei nicht in der Absicht einer Übernahme oder strategischen Beteiligung getätigt. Im Vordergrund steht vielmehr das Interesse des Käufers, einem Unternehmen mit dessen (feindlicher) Übernahme zu drohen, um es dann zu einem Rückkauf seiner eigenen Papiere zu einem überhöhten Preis zu veranlassen.[227] Zu diesem Zweck baut der Bieter eine Drohkulisse in der Art auf, dass er mit der Ausübung starker Aktionärsrechte, wie einer detaillierten Buchprüfung oder der Einberufung einer außerordentlichen Hauptversammlung, droht oder Sitze im Verwaltungsrat beansprucht.[228] Dieses Phänomen wurde nach dem Zweiten Weltkrieg in Japan erstmals beobachtet und wurde durch sogenannte Shite-Unternehmen vorgenommen. Sowohl Greenmailing als auch feindliche Übernahmeversuche sind eng miteinander verknüpft, denn ein gescheiterter Übernahmeversuch kann sehr leicht in einem Greenmailing enden. Die Abgrenzung beider Phänomene ist daher, da sie von außen de facto nicht zu unterscheiden sind, nur über den inneren Tatbestand des Bieters möglich.[229] Dieses Phänomen soll hier jedoch im Weiteren außer Acht gelassen werden.

Die ersten feindlichen Übernahmeversuche in Japan ereigneten sich in den 1950er Jahren. Finanzierungen kamen zu dieser Zeit zunehmend nicht mehr aus der eigenen Unternehmensgruppe oder der Hausbank.[230] Zusätzlich getriggert vom Koreakrieg und fallenden Aktienkursen beschränkte sich dieses Phänomen aber zunächst auf rein japanische Unternehmen. Ausländische Investoren spielten zu diesem Zeitpunkt noch keine Rolle bei feindlichen Übernahmeangeboten.[231] Der erste feindliche Übernahmeversuch eines nicht-japanischen Unternehmens innerhalb Japans datiert vielmehr auf das Jahr 1989, in dem T. Boone Pickens das Unternehmen Koito Manufacturing (letztlich erfolglos) zu übernehmen suchte.[232]

In den Jahren zwischen 1999 und 2007 konnten in Japan insgesamt 13 größere feindliche Übernahmeversuche gezählt werden, von denen insgesamt jedoch nur zwei Transaktionen erfolgreich waren.

---

[227] *Baum*, Marktzugang, S. 99. Ein bekanntes Beispiel stellt der Versuch der Investmentgesellschaft Koshin KK dar, im Jahr 1988 das Unternehmen Kokusai Kogyo KK zu übernehmen. Da das Management die von Koshin gehaltenen Anteile nicht (zu einem überhöhten Preis) zurückkaufen wollte, erwarb Koshin die Mehrheitsbeteiligung und entmachtete das Management von Kokusai Kogyo. Außer einer nachhaltigen Schwächung des Zielunternehmens hatte der Übernahmeversuch jedoch im Ergebnis keine Konsequenzen, da Koshin wenige Monate später seine Mehrheit wegen Marktmanipulation und Insiderhandels wieder verlor, vgl. *Puchniak*, ZJapanR 28 (2009), 89, 96.

[228] *Kester*, S. 245.

[229] *van Schaik*, S. 32.

[230] *van Schaik*, S. 32, 89.

[231] *Okumura*, S. 65.

[232] New York Times v. 20.11.1989.

Bieter	Zielunternehmen	Jahr	Ergebnis
Cable & Wireless	*IDC*	*1999*	*Erfolgreich*
Nippon Böhr. Ingelh.	*Seiyaku*	*2000*	*Erfolgreich*
MA Corp.	Shoei	2000	Gescheitert
Steel Partners	Yushiro Chemicals	2003	Dividendenzahlung
Steel Partners	Sotou	2003	Dividendenzahlung
Livedoor	Nippon Broadcasting	2005	Vergleich
Yumeshin Holdings	Nihon Gijitsu Kaihatsu	2005	White Knight
Rakuten	TBS	2005	Vergleich
MAC	Shin-Nihon Musen	2005	White Knight
Don Quijote	Origin Toushu	2006	White Knight
Oji Paper	Hokutsu Paper	2006	White Squire; Poison Pill
Steel Partners	Myojo Foods	2006	White Knight
Steel Partners	Sapporo Brewery	2007	Poison Pill
Steel Partners	Bull Dog Sauce	2007	Poison Pill
Steel Partners	Tenryu Saw	2007	Gescheitert

Abb. 3: Übersicht von feindlichen Übernaheversuchen (Japan)[233]

Bei den Zielunternehmen handelte es sich fast ausschließlich um unabhängige Unternehmen, die keiner vertikalen Unternehmensgruppe angehörten. Nur ein Unternehmen gehörte zu einer horizontalen Unternehmensgruppe. Dies stellt sich als weiterer Unterschied zum Phänomen des Greenmailings dar, denn Zielunternehmen der Greenmailer in den 1990er Jahren waren hauptsächlich horizontale Unternehmensgruppen.[234]

bb) Erfolgreiche Übernahmen

Abb. 3 weist, wie bereits angesprochen, nur zwei erfolgreiche feindliche Übernahmen aus. Genauer betrachtet können diese beiden erfolgreichen Transaktionen aber auch nicht wirklich als genuin feindlich eingestuft werden, da beide Bieter bereits vorher strategisch mit den Bieterunternehmen verbunden waren. Im Detail handelte es sich um folgende Transaktionen:

Beispiel 1:

Cable & Wireless PLC ist ein britisches Telekommunikationsunternehmen und unternahm den ersten erfolgreichen feindlichen Übernahmeversuch eines ausländischen Unternehmens in Japan. Bei dem Zielunternehmen handelte es sich um die japanische International Digital

---

[233] *van Schaik*, S. 35.
[234] *van Schaik*, S. 139.

Communications (IDC), ein kleineres Telekommunikationsunternehmen in Japan. Cable & Wireless hatte IDC im Jahr 1986 mit gegründet, war einer ihrer größten Anteilseigner und beabsichtigte, in Zukunft enger mit IDC zusammenzuarbeiten. Die Verhandlungen hierüber verliefen jedoch nicht erfolgreich, weswegen Cable & Wireless schließlich IDC zu übernehmen suchte. Das Übernahmeangebot erfolgte im Jahr 1999 für über 50 % der Anteile. Daraufhin bot Nippon Telegraph and Telephone Company wenige tausend Yen mehr als Cable & Wireless. Während der folgenden Bieterrunden, in denen die beiden Bieter mehrmals abwechselnd jeweils wenige Yen mehr pro Aktie boten, verhielt sich das Management von IDC jedoch neutral. Schließlich entschieden sich die beiden größten Anteilseigner, Toyota und Itochu, für das Angebot von Cable & Wireless.[235]

Beispiel 2:

Nippon Böhringer Ingelheim KK, eine Tochter der deutschen Böhringer Ingelheim GmbH, wollte von der Deregulierung des japanischen Pharmamarktes profitieren und gab ein feindliches Übernahmeangebot für SS Seiyaku ab, einem Hersteller von Pharmaprodukten mit einem großen Vertriebsnetz in Japan. Mit dieser Gesellschaft pflegte Böhringer Ingelheim bereits eine langjährige Geschäftsbeziehung und hielt fast 20 % ihrer Anteile. Damit war Böhringer nicht nur der größte Anteilseigner, sondern hatte sogar einen Sitz im Verwaltungsrat des Zielunternehmens inne.[236] Im Jahr 2000 unterbreitete Böhringer schließlich ein Übernahmeangebot für wenigstens 33 % der Anteile an Seiyaku, um ein Vetorecht erlangen zu können. Böhringer zahlte im Rahmen ihres Erwerbsangebots 42 % über dem Börsenkurs und versandte ausführliche Erklärungsschreiben für ihre Schritte und zukünftigen Pläne an die Aktionäre des Zielunternehmens. Am Ende gelang es dem Bieter so, über 35 % der Anteile zu erlangen.[237] Auch hier verhielt sich das Management des Zielunternehmens dem Erwerbsangebot gegenüber neutral.

Erfolgsfaktoren:

Als wesentlich für den Erfolg der beiden Erwerbsangebote wird in der Literatur angesehen, dass die Bieter bereits vor dem öffentlichen Angebot eine langjährige und intensive Geschäftsbeziehung mit dem Zielunternehmen innehatten und beide Bieter das Ziel verfolgten, die Zusammenarbeit zu intensivieren. Zuvor hatten sich beide Bieter auch vergeblich an einer freundlichen Übernahme versucht, bevor sie ein feindliches Angebot abgaben. Hinzu trat, dass in beiden Fällen die japanische Regierung der Ansicht war, dass das Erwerbsangebot der beiden Bieterunternehmen positiv für die japanische Wirtschaft sei und diese unterstützte.[238]

b)   Deutschland

In Deutschland handelt es sich bei der wichtigsten Rechtsquelle in Bezug auf öffentliche Unternehmensübernahmen um das WpÜG. Dieses Gesetz findet immer dann Anwendung,

---

[235] *Colcera*, S. 60 ff.
[236] New York Times v. 17.02.2000.
[237] *Colcera*, S. 59 f.
[238] *van Schaik*, S. 140.

wenn es sich bei dem Zielunternehmen um eine Gesellschaft handelt, deren Anteilsscheine ausschließlich, oder jedenfalls vorranging zum Handel an einem in Deutschland organisierten Markt zugelassen sind und ein öffentliches Angebot vorliegt.[239]

Unter einem organisierten Markt wird ein gemäß § 33 BörsG regulierter Markt im Inland verstanden, aber auch diesem gleichgestellte Börsenplätze im Europäischen Wirtschaftsraum. Dabei ist unerheblich, ob die zu übernehmenden Papiere verbrieft sind, oder nicht. Das WpÜG stellt vielmehr in § 2 Abs. 2 darauf ab, ob die dort aufgeführten Rechte betroffen sind. Insofern kommen als Papiere im Sinne der Vorschrift Aktien und vergleichbare Anteilsscheine, Zertifikate, Hinterlegungsscheine, Optionsanleihen, Wandelschuldverschreibungen gemäß § 221 Abs. 1 AktG und jede andere Art von Wandlungs- oder Bezugsrechten in Betracht.[240]

Gemäß § 2 Abs. 1 WpÜG muss es sich bei dem Angebot, solche Anteile zu erwerben, um ein freiwilliges Angebot handeln, oder eines, welches aufgrund einer Verpflichtung nach dem WpÜG (insbesondere gemäß § 35 Abs. 1 WpÜG) abgegeben wurde.[241] Als Angebot erfasst sind Kauf- oder Tauschangebote betreffend Mitgliedschaftsrechte, die von inländischen Aktiengesellschaften, Kommanditgesellschaften auf Aktien oder Societates Europaeae emittiert wurden. Auf den (Rück-) Erwerb eigener Wertpapiere findet das WpÜG hingegen keine Anwendung.

Die so charakterisierten Übernahmeangebote müssen öffentlich sein, es darf sich also nicht um ein rein privates Erwerbsangebot handeln. Um Umgehungsmöglichkeiten zu verhindern, hat der Gesetzgeber dabei bewusst auf eine Kodifikation dieses Tatbestandsmerkmals verzichtet. Allerdings kann davon ausgegangen werden, dass ähnliche Kriterien anzuwenden sind, wie im Bereich des Verkaufsprospektgesetzes.[242] Danach definiert sich ein öffentliches Angebot

(i) durch den Adressatenkreis, der sich durch eine Vielzahl von Personen auszeichnet und nicht nur einen beschränkten Personenkreis umfasst;

(ii) durch die Verbreitung mit Hilfe eines allgemein zugänglichen Mediums (insbesondere Wirtschaftszeitungen, Internet und elektronische Finanzinformationssysteme) und

(iii) durch die Art der Angebotsbedingungen, die einseitig durch den Bieter festgelegt werden und für die Aktionäre des Zielunternehmens nicht verhandelbar sind.[243]

Solche Angebote im Sinne des WpÜG können in drei verschiedene Arten unterteilt werden: die einfachen Erwerbsangebote auf der einen Seite und die Übernahmeangebote beziehungsweise Pflichtangebote auf der anderen Seite.[244] Welche Art von Angebot im konkreten Einzel-

---

[239] Schüppen/Schaub/*Schröder/Schöfer*, § 51, Rn. 1.
[240] BegrRegE, BT-Drucks. 14/7034, S. 34.
[241] Münchener Kommentar/*Wackerbarth*, WpÜG, § 2, Rn. 1.
[242] *Thaeter/Barth*, NZG 2001, 545, 547.
[243] Müller/Rödder/*Oppenhoff*, § 27, Rn. 9.
[244] Münchener Kommentar/*Wackerbarth*, WpÜG, § 29, Rn. 3.

fall vorliegt, wird objektiv bestimmt.[245] Die vom Bieter verfolgte Absicht ist nicht ausschlaggebend.[246]

Ein einfaches Erwerbsangebot richtet sich auf den Erwerb einer bestimmten Anzahl von Anteilen an der Zielgesellschaft durch ein öffentliches Angebot. Übernahmeangebote hingegen sind gemäß § 29 WpÜG nicht nur auf den Erwerb einer bestimmten Anzahl von Anteilen, sondern auf die Erlangung der Kontrolle über die Zielgesellschaft gerichtet. Das WpÜG versteht unter Kontrollerwerb das Halten von mindestens 30 % der Stimmrechte an der Zielgesellschaft. Pflichtangebote müssen von dem Erwerber im Gegensatz zu Übernahmeangeboten gemäß § 35 WpÜG an die Anteilseigner der Zielgesellschaft abgegeben werden, wenn vor einem öffentlichen Angebot Anteile an dem Zielunternehmen durch Privatkäufe oder sukzessiv über die Börse erworben werden und eine Schwelle von 30 % der Stimmrechte an der Zielgesellschaft erreicht oder überschritten wird.[247]

Sowohl bei Übernahme- als auch bei Pflichtangeboten errechnet sich die 30 %-Schwelle jedoch nicht nur aus den von dem Bieter gehaltenen Stimmrechten. Es werden auch durch die Zurechnungsvorschriften des § 30 WpÜG Stimmanteile Dritter dem Bieter hinzugerechnet. Hierbei kann es sich beispielsweise gemäß § 22 WpHG um Stimmen Dritter handeln, die auf Grund einer ausdrücklichen Vereinbarung oder auch nur rein tatsächlich einvernehmlich mit dem Bieter ausgeübt werden (Acting in Concert). Auch werden beispielsweise Stimmrechte zugerechnet, die von Tochterunternehmen des Bieters oder diesem nahestehenden Personen ausgeübt werden.

Liegt ein Übernahme- beziehungsweise Pflichtangebot vor, so kodifiziert das WpÜG umfangreiche und strenge Regelungen für das Erwerbsverfahren.[248] Dieses orientiert sich an einigen wesentlichen Grundsätzen, wie der Gleichbehandlung und umfassenden Information der Aktionäre der Zielgesellschaft, der strengen Bindung der Organe der Zielgesellschaft an die Interessen des Unternehmens, einer raschen Verfahrensdurchführung und dem Angebot einer angemessenen Gegenleistung.[249] Die Einhaltung dieser Grundsätze und die Überwachung des gesamten Verfahrens als solchem obliegt gemäß § 4 Abs. 1 WpÜG der Bundesanstalt für Finanzdienstleistungsaufsicht (BaFin). Die BaFin wirkt aktiv Missständen entgegen, welche eine ordnungsgemäße Durchführung des Verfahrens beeinträchtigen oder erhebliche Nachteile für den Wertpapiermarkt mit sich bringen können.[250]

Ist die Entscheidung des Bieters endgültig getroffen, ein öffentliches Erwerbsangebot abzugeben, so muss dieser seine Entscheidung gemäß § 10 WpÜG unverzüglich veröffentlichen. Sodann beginnt eine vierwöchige Frist, binnen derer der Bieter die endgültige und bindende Angebotsunterlage bei der BaFin einreichen muss. Hat die BaFin der Angebotsunterlage zugestimmt, so muss diese veröffentlicht werden und die Annahmefrist für die Aktionäre des

---

[245] Geibel/Süßmann/*Süßmann,* WpÜG, § 29 Rn. 7.
[246] Schüppen/Schaub/*Schröder/Schöfer,* § 51, Rn. 14.
[247] Assmann/Pötzsch/Schneider/*Krause/Pötzsch,* WpÜG, § 35, Rn. 270.
[248] Müller/Rödder/*Oppenhoff,* § 27, Rn. 122.
[249] Müller/Rödder/*Oppenhoff,* § 27, Rn. 5.
[250] Münchener Kommentar/*Bauer,* WpÜG, § 4, Rn. 10 ff.

Zielunternehmens beginnt. In dieser Zeit befindet sich der Bieter in einer passiven Rolle[251], während es den Aktionären der Zielgesellschaft obliegt, auf das Angebot zustimmend oder ablehnend zu reagieren. Um diesen eine bessere Informationsbasis und Entscheidungshilfe zu geben, ist der Vorstand des Zielunternehmens gemäß § 27 WpÜG verpflichtet, eine begründete Stellungnahme zu dem Erwerbsangebot abzugeben.[252] Daneben unterliegen die weiteren Maßnahmen der Organe der Zielgesellschaft, für den Fall, dass diese das Angebot als feindlich einstufen, dem sogenannten übernahmerechtlichen Verhinderungsverbot.[253]

Nach Abschluss des Erwerbsangebots und für den Fall, dass dieses erfolgreich war, bieten sich für den Erwerber weitere Integrationsmaßnahmen an, wie zum Beispiel die Durchführung eines übernahmerechtlichen Squeeze out oder Sell out.[254] Seit dem Jahr 2006 besteht insofern die Möglichkeit, Minderheitsaktionäre der Zielgesellschaft gemäß §§ 39 a, 39 b WpÜG aus der Zielgesellschaft auszuschließen. Dieser übernahmerechtliche Squeeze out erfolgt unter ähnlichen Voraussetzungen wie der aktienrechtliche Squeeze out gemäß § 327a ff. AktG, wobei jedoch der Ausschluss der Minderheitsaktionäre durch Gerichts- und nicht Hauptversammlungsbeschluss erfolgt. Liegen die Voraussetzungen eines übernahmerechtlichen Squeeze out vor, so können die Anteilseigner des Zielunternehmens, welche das Erwerbsangebot bisher abgelehnt haben, ihre Anteile mit einer Frist von drei Monaten gemäß § 39 c S. 1 WpÜG im Rahmen eines Andienungsrechts (Sell out) nachträglich an den Bieter veräußern.

aa) Feindliche Übernahmen

In den Jahren von 1990 bis 1998 kam es in Kontinentaleuropa insgesamt nur zu 52 feindlichen Übernahmen, von denen 46 % fehlschlugen.[255] Alle feindlichen Übernahmen hatten dabei ein Gesamtvolumen von knapp US$ 70 Milliarden.[256] Dies stellt, sowohl was die Anzahl, als auch was das Volumen angeht, nur einen Bruchteil der Größe der angelsächsischen M&A-Märkte dar. Im Laufe der weiteren Jahre hat sich die Größe des einheimischen Marktes jedoch stetig vergrößert. So hatte zum Beispiel alleine die Übernahme von Mannesmann durch Vodafone in Deutschland im Jahr 1999/2000 ein Volumen von über £ 100 Milliarden. Allerdings sind feindliche Übernahmen – bis heute – in Deutschland vergleichsweise selten anzutreffen.[257] Die folgende Tabelle zeigt eine Übersicht der größeren feindlichen Übernahmen beziehungsweise Übernahmeversuche, wobei fast ausschließlich Blocktransaktionen vorlagen.[258]

---

[251] Schüppen/Schaub/*Schröder/Schöfer*, § 51, Rn. 23.
[252] Münchener Kommentar/*Wakerbarth*, WpÜG, § 27, Rn. 2.
[253] Assmann/Pötzsch/Schneider/*Krause/Pötzsch*, WpÜG, § 33 Rn. 244. Siehe dazu näher unten bei der Beschreibung der Abwehrmaßnahmen.
[254] *Austmann/Mennicke*, NZG 2004, 846.
[255] *Vogel*, S. 22.
[256] *Huber*, S. 1.
[257] *Schuster*, S. 64.
[258] *Schuster*, S. 65.

Bieter	Zielunternehmen	Jahr	Ergebnis
Flick u.a.	Feldmühle Nobel AG	1988	Gescheitert
Pirelli & C. SpA	Continental AG	1990	Gescheitert, u.a. durch Sperrminorität Deutsche Bank
Fried. Krupp AG	Hoesch AG	1991	Erfolgreich
Deutsche Post AG	Postbank AG	1994	Gescheitert (1998 vollst. Übernahme)
Hochtief AG	Ph. Holzmann AG	1998	Gescheitert (Kartellgründe)
Vodafone plc	Mannesmann AG	2000	Erfolgreich
INA Schaeffler GmbH	FAG Kugelfischer AG	2001	Erfolgreich
Sanofi S.A.	Aventis Pharm. AG	2004	Erfolgreich
Unicredit Bank S.p.A.	HypoVereinsbank AG	2005	Erfolgreich
Merck KGaA	Schering AG	2006	Gescheitert, White Knight (Bayer AG)
Macquarie Bank Ltd.	Techem AG	2007	Erfolgreich
Schaeffler KG	Continental AG	2008	Erfolgreich, aber wirtsch. umstritten
Grupo ACS SA	Hochtief AG	2010	Erfolgreich

Abb. 4: Übersicht von feindlichen Übernahmeversuchen (Deutschland)[259]

Als Gründe, warum in Deutschland, trotz (im Gegensatz zu Japan) langer und enger Anbindung an die angelsächsischen Märkte, feindliche Unternehmensübernahmen so selten anzutreffen sind, werden (in der älteren Literatur) zunächst die Bankenstruktur[260] genannt. Das deutsche Universalbankensystem verfüge nur über wenige große Banken, die eine Unternehmensübernahme finanzieren könnten. Zudem lägen personelle Verflechtungen (meist über Aufsichtsratsmandate) und finanzielle Verflechtungen (durch Überkreuzbeteiligungen) vor, sodass eine Mandatierung schwierig sei. Diesem Argument wird man jedoch in der heutigen Zeit nicht mehr uneingeschränkt folgen können, da einerseits die sogenannte Deutschland AG weitgehend entflochten wurde und im deutschen Bankenmarkt zahlreiche internationale Finanzhäuser vertreten sind, die auch über die entsprechenden Mittel zur Durchführung einer Unternehmensübernahme verfügen.

Gewichtiger sind hingegen die Argumente, das deutsche Gesellschafts- und Arbeitsrecht vermindere die Attraktivität von feindlichen Übernahmen. Dies ist nicht ganz von der Hand zu weisen, da zum einen die strengen Vorschriften der Kapitalerhaltung gehebelte Transaktionen erschweren[261] und zum anderen das Trennungsmodell von Vorstand und Aufsichtsrat

[259] Eigene Darstellung.
[260] *Schuster*, S. 66.
[261] *Hopt*, Präventivmaßnahmen, S. 24.

eine Kontrollerlangung über die personelle Besetzung des Vorstands verzögert.[262] Im Bereich des Arbeitsrechts sind in erster Linie der starke Kündigungsschutz von Mitarbeitern zu nennen, der Umstrukturierungen nach der Transaktion erschwert und auch die Arbeitnehmermitbestimmung, die diesen eine gewichtige Vertretung im Aufsichtsrat garantiert.[263] Nicht zu unterschätzen ist auch der Mangel an Zielgesellschaften. Deutschland verfügt nur über eine geringe Anzahl an Aktiengesellschaften, in der Summe ungefähr 15.000, von denen noch weit weniger börsennotiert sind und von diesen noch weniger Publikumsgesellschaften darstellen.[264] Hinzu tritt, dass die meisten – zumindest börsennotierten – Aktiengesellschaften über mindestens einen Kontrollaktionär verfügen.[265] Auch ist die Aktienstreuung geringer als in den Vereinigten Staaten oder Großbritannien.[266] Dies alles erschwert feindliche Übernahmen signifikant. Schließlich ist auch die öffentliche Meinung hierzulande nicht zu unterschätzen, da spätestens seit den Übernahmen Thyssen/Krupp und Vodafone/Mannesmann sowie der Heuschrecken-Debatte die öffentliche Meinung eindeutig gegen (feindliche) Übernahmen tendiert.[267]

bb)   Erfolgreiche Übernahmen

Wie Abb. 4 zeigt, sind die meisten größeren feindlichen Übernahmen in Deutschland erfolgreich verlaufen. Dies bedeutet jedoch nicht, dass die Zielunternehmen keine Abwehrmaßnahmen getroffen hätten oder die Übernahmen widerstandslos verlaufen wären. Die Darstellung von zwei exemplarischen Übernahmen der letzten Jahre kann dies verdeutlichen.

Beispiel 1:

Im Jahr 2007 wollte die australische Bank Macquarie den deutschen Energiedienstleister Techem AG übernehmen. Die Zielgesellschaft stufte das Angebot als feindlich ein, und versuchte zunächst durch die Zusammenarbeit mit dem Private Equity Investor BC Partners als favorisiertem Dritten das Angebot des Bieters abzuwehren. BC Partners zog sich allerdings zurück, nachdem Macquarie ihr Angebot auf EUR 55 pro Techem-Aktie erhöht hatte.[268] Zu dieser Zeit waren jedoch mehrere Private Equity-Fonds an Techem mit insgesamt etwa 40 bis 50 % der Anteile beteiligt, die auch das verbesserte Angebot als zu niedrig bewerteten und EUR 60 bis 65 pro Aktie forderten.[269] Macquarie erhöhte ihr Angebot jedoch nicht und die Transaktion scheiterte zunächst. Hintergrund war, dass das Übernahmeangebot auf 70,5 % der Anteile lautete, um zusammen mit den bisher gehaltenen Anteilen des Macquarie Konsortiums einen Beherrschungs- und Gewinnabführungsvertrag abschließen zu können. Hierfür ist jedoch gesetzlich eine Stimmenmehrheit von 75 % erforderlich.[270] Diese war jedoch ohne den Kauf der gewichtigen PE-Anteile nicht zu erreichen. Erst im Oktober des Jahres 2007 konnte

---

[262] *Nolte/Leber*, DBW 1990, 573, 578.
[263] *Nolte/Leber*, DBW 1990, 573, 578.
[264] *Jenkinson/Ljundqvist*, S. 5.
[265] *Schuster*, S. 70.
[266] *Wildner*, S. 41.
[267] *Hopt*, ZHR 1997, 368, 369 f.
[268] *Lietz*, S. 19.
[269] *Brass*, S. 92.
[270] FAZ v. 24.04.2007.

Macquarie schließlich, nachdem sie ihr Übernahmeangebot nach mehreren Verhandlungsrunden auf EUR 60 pro Techem-Aktie erhöht hatte, die Mehrheit der Anteile erwerben.[271]

Beispiel 2:

Bei der Grupo ACS handelt es sich um den größten spanischen Baukonzern. Dieser gab im September des Jahres 2010 ein freiwilliges öffentliches Übernahmeangebot für das deutsche Bauunternehmen Hochtief AG ab, nachdem der Bieter bereits im März 2007 25,01 % der Anteile von einer dritten Holdinggesellschaft erworben hatte und im weiteren Verlauf zusätzliche Aktien an Hochtief erwarb. Im September des Jahres 2010 erreichte ACS schließlich eine Beteiligungsschwelle von 29,98 %.[272] Die restlichen Aktien bis zu einer Schwelle von 30 % sollten durch ein – von Hochtief als feindlich betrachtetes – freiwilliges öffentliches Übernahmeangebot erworben werden, wobei das Tauschverhältnis acht ACS Aktien zu fünf Hochtief Aktien betrug. Zunächst wurde jedoch die Beteiligung von ACS um etwa 2 % verwässert, nachdem sich die Quatar Holding LLC als von Hochtief favorisierter weiterer Bieter mit 9,1 % der Anteile an Hochtief beteiligte.[273] Das Angebot von ACS wurde jedoch nur schleppend von den Aktionären angenommen, sodass ACS das Tauschverhältnis im Dezember 2010 auf 9:5 verbessern musste. Anfang Februar 2011 teilte ACS schließlich mit, dass insgesamt 33,49 % der Anteile an Hochtief gehalten werden. Damit war das freiwillige Übernahmeangebot erfolgreich, da ACS – aufgrund der Überschreitung der 30 %-Schwelle – nunmehr weitere Aktien von Hochtief über den freien Börsenhandel zukaufen konnte, ohne ein Pflichtangebot gemäß § 35 WpÜG unterbreiten zu müssen.[274] Die Beteiligungsschwelle von über 50 % an Hochtief wurde schließlich im Juni des Jahres 2011 von ACS überschritten.

Erfolgsfaktoren:

Anders als in Japan lässt sich aus den Übernahmen und Übernahmeversuchen in den letzten zwanzig Jahren in Deutschland nicht der Schluss ziehen, dass der wesentliche Erfolgsfaktor eine vorherige Anteilseignerschaft oder Geschäftsbeziehung zwischen Bieter- und Zielunternehmen darstellt. Auch die zukünftigen Pläne des Bieters mit dem Zielunternehmen oder wirtschaftspolitische Interessen der Bundesregierung spielten keine herausgehobene Rolle. Vielmehr lässt sich an vielen Beispielen nachvollziehen, dass im Wesentlichen die Höhe des Angebotspreises ausschlaggebend für eine erfolgreiche (feindliche) Unternehmensübernahme war. So führte unter anderem auch bei den hier dargestellten Beispielen das Angebot erst dann zum Erfolg, als der Kaufpreis der Aktien des Zielunternehmens angehoben wurde. Wirtschaftliche Erwägungen der Anteilseigner des Zielunternehmens stehen in Deutschland damit im Vordergrund.

---

[271] VC-facts/*Majunke*, S. 457.
[272] *Erbach*, S. 112.
[273] ACS-Geschäftsbericht 2010, S. 92.
[274] Börsen-Zeitung v. 04.02.2011.

3. Abwehrmaßnahmen

Vorstand und Aufsichtsrat sind Sachwalter fremden (Aktionärs-) Vermögens. Es ist daher nicht unumstritten, ob und wenn ja unter welchen Umständen die Organe des Zielunternehmens abwehrende Maßnahmen treffen dürfen, die in den Kernbereich der Eigentümerinteressen eingreifen, ohne diese vorher um ihre Meinung beziehungsweise ihre Zustimmung gebeten zu haben.

a) Japan

In Japan sind bis heute die Voraussetzungen und Grenzen der Zulässigkeit von Abwehrmaßnahmen gesetzlich nicht herausgearbeitet.[275] Im FBG finden sich keine spezifischen Regelungen zu Rechten und Pflichten des Managements der Zielgesellschaft für den Fall eines öffentlichen Erwerbsangebots, abgesehen von der Pflicht einer schriftlichen Stellungnahme der Zielgesellschaft.[276] Das Management unterliegt weder einer Neutralitätspflicht, was die beiden oben beschriebenen erfolgreichen Übernahmeangebote in Japan nahelegen könnten, noch existieren gesetzlich explizit zulässige oder unzulässige Maßnahmen.

Auf feindliche Übernahmeversuche reagierten die betroffenen japanischen Unternehmen in der Vergangenheit im Allgemeinen mit unterschiedlichen, aber meist defensiven Verteidigungsmaßnahmen. Der Fokus lag dabei auf präventiven Maßnahmen.[277]

1) Präventive Abwehrmaßnahmen:

Unter präventiven Abwehrmaßnahmen werden Maßnahmen im Vorfeld eines konkreten Erwerbsangebots verstanden. Art. 109 des japanischen Gesellschaftsgesetzes (GesG) verpflichtet offene, und damit die börsennotierten Aktiengesellschaften, ihre Aktionäre – bezüglich ihrer jeweiligen Aktiengattung – gleich zu behandeln. Diese Gleichbehandlung schließt jedoch kein Neutralitätsgebot des Managements des Zielunternehmens mit ein. Es ist daher dem Management erlaubt, sich einen möglichst großen Kreis von Aktionären zu sichern, auf deren Unterstützung das Management vertrauen kann. Als Abwehrmaßnahme zulässig ist ferner die Ausgabe von Aktien ohne Stimmrecht oder mit Stimmrechtsbeschränkungen. Dies ist jedoch in Japan unüblich und wird nur selten durchgeführt. Unzulässig für börsennotierte Unternehmen in Japan sind hingegen sogenannte Golden Shares. Darunter werden Aktien verstanden, die Vetorechte beinhalten, oder die einer Vinkulierung unterliegen. Ansonsten steht das japanische Gesellschafts- und Kapitalmarktrecht präventiven Abwehrmaßnahmen offen und damit nicht negativ gegenüber.

Insbesondere erfreut sich die sogenannte Poison Pill-Abwehr seit den 1980er Jahren einer besonderen Beliebtheit.[278] Unter einer Poison Pill wird zum Beispiel die Ausgabe neuer Aktien im Rahmen des genehmigten Kapitals verstanden. Hierbei können erst bis zu drei Viertel der zu emittierenden Aktien später und ohne Befristung nach der Disposition des

---

[275] *Baum/Saito*, Rn. 153.
[276] *Baum/Saito*, Rn. 124.
[277] *van Schaik*, S. 32.
[278] *Yamaguchi*, S. 224.

Verwaltungsrats und unter Ausschluss des Bezugsrechts der Altaktionäre emittiert werden.[279] Die Ausgabe der Anteile selbst erfolgt erst dann, wenn ein feindliches öffentliches Erwerbsangebot abgebeben wurde, oder das Bieterunternehmen einen bestimmten Beteiligungsprozentsatz am Zielunternehmen erreicht. Hierdurch werden die Anteile des Bieters verwässert, der Einfluss auf das Zielunternehmen eingeschränkt und gleichzeitig ein weiteres Engagement verteuert.[280] Der Einsatz einer solchen Poison Pill darf rechtlich allerdings nicht als unbillig erscheinen. Dies wäre zum Beispiel dann der Fall, wenn der einzige Zweck der Maßnahme darin bestünde, die Beteiligungsquote des Bieters zu verwässern.[281] Die durchgeführte Maßnahme müsste daher jedenfalls auch noch zumindest ein anderes unternehmerisches Ziel verfolgen, als die Verwässerung der Bieterstimmrechte. Im Übrigen muss die Ausgabe der Anteile zu einem marktgerechten Preis erfolgen[282] und darf nicht gegen Gesetz oder Satzung verstoßen. Gleiches gilt für die Ausgabe von Bezugsrechten gemäß Art. 236 ff. GesG an ausgewählte Aktionäre oder Dritte, wobei diese Maßnahme für die Zielgesellschaft zunächst günstiger ist, als die Ausgabe von Aktien, da hier erst die Bezugsrechte ausgeübt werden müssen, bevor die Zielgesellschaft unmittelbare finanzielle Folgen treffen.[283] Auch hier darf durch die Maßnahme kein Gesetzes- oder Satzungsverstoß erfolgen, oder die Maßnahme grob unbillig sein.[284] Sie darf also zum Beispiel nicht nur der Verwässerung der Stimmrechte des Bieters dienen. Es besteht hierbei jedoch die Rückausnahme für den Fall, dass der Erwerb des Bieters das Zielunternehmen irreparabel schädigen würde, etwa bei einem nachweisbaren Versuch des Greenmailings, bei Leveraged Buy-outs oder der Aneignung von Leistungsschutzrechten des Zielunternehmens.[285]

Ferner können unter einer Poison Pill auch im Falle eines Erwerbsangebots vorgesehene Dividendenerhöhungen und bei dem Erreichen einer bestimmten Beteiligungshöhe die Rückgewährung von Einlagen verstanden werden, wobei auch hier die Bietergesellschaft ausgenommen wird.

2) Reaktive Abwehrmaßnahmen:

Unter reaktiven Abwehrmaßnahmen werden Verteidigungshandlungen verstanden, die erst in Ansehung eines konkreten Erwerbsangebots erfolgen. Eine insofern verbreitete Verteidigungsstrategie bei japanischen Unternehmen besteht darin, statt des Bieterunternehmens auf einen Dritten, den sogenannten White Knight, zu setzen und diesen zu unterstützen. Hierunter versteht man den Verkauf der Zielgesellschaft an ein von dieser bevorzugtes drittes Unter-

---

[279] Diese Maßnahme war schon mehrfach Gegenstand gerichtlicher Auseinandersetzungen, vgl. DG Osaka, Urteil v. 18.11.1987, Hanrei Jiho Nr. 1290 (1987), 144 und DG Tokio, Urteil v. 25.07.1989, Shoji Homu Nr. 1190 (1989), 93.

[280] *Klein*, NJW 1997, 2085, 2086.

[281] *Baum/Satio*, Rn. 132.

[282] DG Tokio, Urteil v. 02.12.1988, Hanrei Jiho Nr. 1302 (1988), 146 und DG Tokio, Urteil v. 05.09.1989, Shoji Homu 1193 (1989), 41.

[283] *Baum/Satio*, Rn. 135.

[284] *Kozuka*, ZJapanR 15 (2003), 135.

[285] *Whittaker/Hayakawa*, ZJapanR 23 (2007), 5, 9 f.

nehmen oder jedenfalls die Unterstützung eines Konkurrenzangebots durch das Zielunternehmen.[286] Als Abstufung existiert auch der sogenannte Grey Knight. Hierbei handelt es sich nicht um ein dem Zielunternehmen freundlich gesinnten Dritten, wie dem White Knight, sondern um ein Unternehmen, welches aus Sicht der Zielgesellschaft nur nicht so stark negativ besetzt ist, wie das ursprüngliche Bieterunternehmen, das daher auch Black Knight genannt wird. Möglich ist insoweit auch nur der Verkauf von wichtigen Vermögensgegenständen des Zielunternehmens (Crown Jewels), der Rückerwerb eigener Aktien oder der Verkauf einer Sperrminorität an dem Zielunternehmen an einen Dritten (White Squire), um die Bietergesellschaft abzuschrecken.[287]

3) Vorschläge für Abwehrmaßnahmen und Best Practice Regelungen:

Zwar gibt es bis heute keine verbindlichen gesetzlichen Regeln für die Zulässigkeit von Abwehrmaßnahmen in Bezug auf ein feindliches öffentliches Erwerbsangebot. Allerdings mangelt es auch in Japan nicht an unverbindlichen Vorschlägen und Best Practice Richtlinien in Bezug auf solche Maßnahmen.

So hatte das Wirtschafts- und Justizministerium am 27. Mai 2005 von der eigens gegründeten Corporate Value Study Group (Kigyo Kachi Kenkyu-kai) ausgearbeitete Empfehlungen für die Ausgestaltung von zulässigen Abwehrmaßnahmen veröffentlicht.[288] Diese basierten größtenteils auf dem Case Law des U.S.-Bundesstaats Delaware.[289] Insgesamt legten die Empfehlungen präventive Abwehrmaßnahmen im Vorfeld eines Erwerbsangebotes nahe, im Gegensatz zu reaktiven Maßnahmen im unmittelbaren Zusammenhang mit einem veröffentlichten Übernahmeangebot. Unabhängig davon sollten für alle ergriffenen Maßnahmen drei Grundsätze gelten: Erstens sollten die Maßnahmen den Unternehmenswert und die Interessen der Aktionäre in ihrer Gesamtheit fördern, Zweitens sollten die Abwehrmaßnahmen veröffentlicht werden und den Willen der Aktionäre widerspiegeln und Drittens sollten die Abwehrmaßnahmen dem Gefahrenpotential eines Erwerbsangebotes für das Zielunternehmen notwendig und angemessen sein.

Im Jahr 2006 wurden dann, im Zuge der bereits dargestellten Novellierung des japBWpHG, in das in FBG umbenannte Gesetz alle übernahmerechtlich relevanten Vorschriften aufgenommen. Im gleichen Jahr ergänzte die Tokioter Börse TSE ihre Börsenzulassungsregeln um Mindeststandards bezüglich Abwehrmaßnahmen im Rahmen ihres Kodex für eine ordnungsgemäße Unternehmensführung.[290] Danach ist für eine ausreichende und rechtzeitige Information der Öffentlichkeit zu sorgen, die Voraussetzungen und die Durchführung der Abwehrmaßnahmen dürfen nicht willkürlich durch das Management der Zielgesellschaft getroffen werden, die Abwehrmaßnahmen dürfen nicht zu extremen Schwankungen des Aktienkurses

---

[286] *Klemm/Reinhardt*, NZG 2010, 1006, 1007.
[287] Münchner Kommentar/*Schlitt/Riess*, WpÜG, § 33, Rn. 275.
[288] Abgedruckt als "Guidelines Regarding Takeover Defense for the Purpose of Protection and Enhancement of Corporate Value and Shareholders' Common Interest" in ZJapanR 21 (2006), 143.
[289] *Milhaupt*, Columbia Law Review 105 (2005), 2171.
[290] Die Listing Rules der TSE sind in englischer Sprache abrufbar unter http://www.tse.or.jp.

führen und die Aktionärsrechte müssen angemessen berücksichtigt werden.[291] Diese Standards reichen aber nicht über die Vorschläge der Study Group hinaus.[292]

Zuletzt hat sich vor dem Hintergrund des Übernahmeversuchs von Buru Dokku Sosu KK durch Steel Partners (in der japanischen Rechtswissenschaft bekannt geworden als Bulldog Sauce-Fall)[293] die Study Group erneut zu der Zulässigkeit von Abwehrmaßnahmen geäußert und stellte acht Verhaltensstandards auf.[294] Diese Standards lauten:

1. Abwehrmaßnahmen, welche den Aktionärsinteressen nicht ausreichend Rechnung tragen, dürfen nicht deswegen vom Management durchgeführt werden, weil sie anderen Stakeholdern des Zielunternehmens nutzen könnten.
2. Das Management des Zielunternehmens muss die Durchführung von Abwehrmaßnahmen damit begründen können, dass die Übernahme Aktionärsrechte verletzen würde.
3. Das Management darf den Aktionären der Zielgesellschaft nicht die Entscheidung nehmen, gegen die Durchführung von Abwehrmaßnahmen zu stimmen.
4. Das Management muss das Erwerbsangebot aus dem Blickwinkel der Aktionärsinteressen prüfen und bewerten.
5. Das Management muss versuchen, das Erwerbangebot für das Zielunternehmen zu verbessern, wenn sich die Möglichkeit hierzu ergibt.
6. Wenn die Übernahme im Interesse der Aktionäre liegt, sind Abwehrmaßnahmen durch das Management des Zielunternehmens zu unterlassen.
7. Das Management hat eine sachlich fundierte Stellungnahme zum Erwerbsangebot abzugeben, aufgrund derer die Aktionäre des Zielunternehmens eine Entscheidung über die Annahme des Angebots treffen können.
8. Setzt der Verwaltungsrat des Zielunternehmens Ausschüsse ein, müssen diese von dem Interesse des Verwaltungsrats unabhängig sein und der Verwaltungsrat muss die Verantwortung für die Ausschussentscheidungen tragen.

Hierbei ist jedoch die rechtliche Qualität dieser Verhaltensstandards umstritten. Einerseits haben sie eine gewisse Nähe zum Wirtschaftsministerium, welches für die Wirtschaftsgesetze zuständig ist, andererseits haben sie aber keine Gesetzesqualität, genießen also keinen Befolgungsanspruch.[295]

b)   Deutschland

Vor Inkrafttreten des WpÜG im Jahr 2002 war es heftig umstritten, welche Verhaltenspflichten ein Zielunternehmen und insbesondere dessen Vorstand treffen, wenn ein feindliches Übernahmeangebot veröffentlicht worden ist. Einige Stimmen vertraten ein striktes Neutrali-

---

[291] *Baum/Saito*, Rn. 125.
[292] *Baum/Saito*, Rn. 39.
[293] *Hansen*, ZJapanR 26 (2008), 139.
[294] Im Internet abrufbar unter www.meti.go.jp/english/report/data/080630TakeoverDefenseMeasures.pdf.
[295] *Baum/Saito*, Rn. 153.

tätsgebot des Vorstands[296], andere wollten dem Vorstand im Rahmen der Business Judgement Rule gemäß § 93 Abs.1 S. 2 AktG einen großen Entscheidungsspielraum bei möglicherweise vorzunehmenden Abwehrhandlungen zubilligen.[297]

Durch die Einführung des WpÜG hat sich der Gesetzgeber schließlich zwar für das Erfolgs-verhinderungsverbot in § 33 Abs. 1 S. 1 WpÜG entschieden, aber gleichzeitig den Vorstand in erheblichem Maße zur Ergreifung von Abwehrmaßnahmen ermächtigt.[298]

1) Gesetzliche Regelungen:

Solange für eine Aktiengesellschaft kein öffentliches Übernahmeangebot vorliegt, steht dem Vorstand gemäß § 76 AktG ein weiter Handlungsspielraum bei der Leitung des Unterneh-mens zur Verfügung. Dieser wird allerdings insbesondere durch die Grenzen eines verständi-gen unternehmerischen Handelns und verantwortungsvoller Risikobereitschaft begrenzt.[299] Der Vorstand hat nicht nur bestimmte Eigeninteressen[300], sondern befindet sich auch in einem Konfliktfeld von divergierenden Gruppeninteressen.[301] Dies gilt umso mehr für Situationen in Bezug auf ein öffentliches Erwerbsangebot.

Es sprechen daher gute Argumente dafür, den Handlungsspielraum des Vorstands in Über-nahmesituationen einzuschränken.[302] Anderenfalls könnte das Vertrauen in eine sachgerechte Unternehmensführung erschüttert werden.[303]

Aus diesem Grund untersagt § 33 Abs. 1 S. 1 WpÜG dem Vorstand des Zielunternehmens, nach der Bekanntgabe eines Erwerbsangebots bis zu dessen Ergebnisveröffentlichung, Maß-nahmen vorzunehmen, durch die der Erfolg des Erwerbsangebots behindert werden könnte.[304] Umfasst sind hierbei auch präventive Maßnahmen im Vorfeld der Veröffentlichung, die das Potential haben, das Bieterunternehmen von einer Angebotsabgabe abzuschrecken und/oder künftige Übernahmeangebote erheblich zu erschweren.[305]

Beispiele für Abwehrmaßnahmen kann man, neben der klassischen Einteilung in präventive und reaktive Maßnahmen, insbesondere dahingehend unterscheiden, ob diese Maßnahmen von dem Erfolgsverhinderungsverbot des WpÜG umfasst sind.

2) Ausnahmen vom Erfolgsverhinderungsverbot:

Im deutschen Recht spielt die Abgrenzung zwischen präventiven und reaktiven Abwehrmaß-nahmen nur eine untergeordnete Rolle, da viele Maßnahmen sowohl präventiv, als auch reaktiv durchgeführt werden können. Interessanter ist bei jeder (Abwehr-) Maßnahme des

---

[296] Kölner Kommentar/*Mertens*, AktG, § 76 Rn. 26.
[297] *Schneider/Burgard*, DB 2001, 967.
[298] Fleischer/*Fuchs*, § 22, Rn. 107.
[299] Vgl. die ARAG/Garmenbeck-Entscheidung des BGH, BGHZ 135, 244, 253.
[300] Vgl. die bereits oben angesprochene Principal Agent-Theorie.
[301] *Kirchner*, WM 2000, 1822.
[302] *Ekkenga/Hofschroer*, DStR 2002, 724, 732; *Kirchner*, AG 1999, 486.
[303] Fleischer/*Fuchs*, § 22, Rn. 89.
[304] Begr. RegE, BT-Drucks. 14/7034 S. 57.
[305] *Winter/Harbarth*, ZIP 2002, 1, 4.

Vorstands die Frage, ob diese überhaupt dem Verhinderungsverbot des § 33 Abs. 1 S. 2, Abs. 2 WpÜG unterfällt, denn dies muss nicht immer der Fall sein. Der Vorstand der Zielgesellschaft darf vielmehr unter bestimmten Voraussetzungen allein, nach Zustimmung der Hauptversammlung oder in Abstimmung mit dem Aufsichtsrat, Abwehrmaßnahmen gegen das Übernahmeangebot ergreifen, die nicht der Reglementierung des WpÜG unterfallen.[306]

Ordentliche und gewissenhafte Geschäftsleitung:

Dem Vorstand einer Aktiengesellschaft obliegt gemäß § 76 AktG die Leitung des Unternehmens. Daran ändert auch die Veröffentlichung eines Übernahmeangebots nichts, da die Zielgesellschaft hierdurch nicht während der Angebotsphase unangemessen in ihrer Geschäftstätigkeit behindert werden soll.[307] Daher ist der Vorstand unabhängig vom Vorliegen eines öffentlichen Erwerbsangebots gemäß § 33 Abs. 1 S. 2, 1. Fall WpÜG berechtigt, die Gesellschaft nach den Grundsätzen einer ordentlichen und gewissenhaften Geschäftsleitung im Rahmen der Unternehmensstrategie weiter zu führen. Hiervon umfasst sind jedoch nicht nur die normalen Tätigkeiten des Tagesgeschäfts, sondern auch weitergehende Maßnahmen, die auch den Erfolg eines Übernahmeangebots erschweren oder gar verhindern können.[308] Hierzu zählen etwa der Verkauf von eigenen Unternehmensteilen, der Erwerb anderer Unternehmen oder anderer Unternehmensteile oder die Eingehung beziehungsweise Auflösung von anderen Verpflichtungen, solange dies von der bestehenden Unternehmensstrategie gedeckt ist.[309]

Abstimmung mit dem Aufsichtsrat:

Der Vorstand darf, außerhalb der Maßnahmen eines ordentlichen und gewissenhaften Geschäftsleiters und im Rahmen der Unternehmensstrategie, gemäß § 33 Abs. 1 S. 2 Alt. 3 WpÜG auch dann Abwehrmaßnahmen nach der Veröffentlichung eines Erwerbsangebots ergreifen, wenn der Aufsichtsrat der Zielgesellschaft diesen Maßnahmen zugestimmt hat. Diese Regelung wurde noch kurz vor der Verabschiedung des WpÜG aufgenommen[310] und erweitert den praktischen Handlungsspielraum des Vorstands der Zielgesellschaft erheblich.[311] Hierbei darf der Vorstand jedoch keine vorab erteilte, pauschale Generalzustimmung des Aufsichtsrats zu allen beispielsweise angemessenen oder verständigen Maßnahmen einholen, da ansonsten die Einbindungsmöglichkeit des Kontrollorgans in die konkrete Maßnahme ausgehöhlt werden würde.[312] Vielmehr muss der Aufsichtsrat in Bezug auf individuell zu treffende Maßnahmen eingebunden werden. Trotz dieser Beschränkung führt diese de facto Befreiungsmöglichkeit vom Verhinderungsverbot durch den Aufsichtsrat zu einer Umkehrung des Ausnahmeprinzips des WpÜG, da der Aufsichtsrat den Vorstand zu praktisch jeder Abwehrmaßnahme ermächtigen kann.[313] In der Literatur ist daher anerkannt, dass

---

[306] Fleischer/*Fuchs*, § 22, Rn. 116.
[307] Begr. RegE, BT-Drucks. 14/7034, S. 58.
[308] *Winter/Harbarth*, ZIP 2002, 1, 6.
[309] Kölner Kommentar/*Hirte*, WpÜG, § 33, Rn. 68.
[310] *Ekkenga/Hofschroer*, DStR 2002, 724, 733.
[311] *Krause*, NJW 2002, 705, 712.
[312] *Winter/Harbarth*, ZIP 2002, 1, 8.
[313] *Ekkenga/Hofschroer*, DStR 2002, 724, 733.

insofern eine weitere Beschränkung des Vorstandshandelns dahingehend erfolgen soll, dass bei einem Übernahmeangebot Abwehrmaßnahmen überhaupt nur dann durch den Vorstand ergriffen werden dürfen, wenn dies durch ein qualifiziertes Unternehmensinteresse gerechtfertigt ist.[314]

Vorratsbeschlüsse der Hauptversammlung:

Neben der Möglichkeit, Abwehrmaßnahmen nach Abstimmung mit dem Aufsichtsrat der Zielgesellschaft zu ergreifen, besteht für den Vorstand als weitere Ausnahme vom Verhinderungsgebot auch die Möglichkeit, gemäß § 33 Abs. 2 WpÜG Abwehrmaßnahmen vorzunehmen, die im Kompetenzbereich der Hauptversammlung liegen. Insofern kann die Hauptversammlung mit einer drei Viertel-Mehrheit[315] und vor der Veröffentlichung eines Übernahmeangebots für die Dauer von 18 Monaten auf Vorrat weitreichende Maßnahmen[316] in das Ermessen des Vorstands stellen, wie etwa die Schaffung von genehmigtem Kapital gemäß § 202 Abs. 1 AktG, den Rückerwerb eigener Aktien gemäß § 71 Abs. 1 Nr. 8 AktG, die Ausgabe von Aktienoptionen und ihre Unterlegung mit bedingtem Kapital gemäß § 192 Abs. 2 Nr. 3 AktG oder den Abschluss beziehungsweise die Aufhebung von Unternehmensverträgen.[317] Einer konkreten Bestätigung der Hauptversammlung bedarf die Maßnahme bei ihrer Umsetzung dann nicht mehr, sie ist allerdings gemäß § 33 Abs. 2 S. 4 WpÜG an die Einwilligung des Aufsichtsrats und das Unternehmensinteresse gekoppelt. Ihre Grenze findet die Vorratsermächtigung allerdings dort, wo die Zuständigkeit der Hauptversammlung endet. Dies ist etwa nach den Holzmüller-Grundsätzen des BGH bei der Veräußerung wichtiger Unternehmensteile (Crown Jewels) der Fall[318], oder bei nicht delegierbaren Zuständigkeiten der Hauptversammlung[319], etwa bei Entscheidungen über die Verwendung des Bilanzgewinns gemäß § 174 Abs. 1 AktG oder bei der summenmäßigen Begrenzung des genehmigten Kapitals gemäß § 202 Abs. 3 S. 1 AktG.

Einberufung einer Abwehrhauptversammlung:

Zusätzlich zu der Möglichkeit Vorratsbeschlüsse zu fassen, kann der Vorstand der Zielgesellschaft gemäß § 16 Abs. 3 S. 1 WpÜG auch nach der Veröffentlichung des Erwerbsangebots unter erleichterten Voraussetzungen eine Hauptversammlung als sogenannte Abwehrhauptversammlung einberufen.[320] Die Aktionäre der Zielgesellschaft können dann im Rahmen der Abwehrhauptversammlung selbst über das Ergreifen konkreter Maßnahmen zur Abwehr gegen das Übernahmeangebot entscheiden.[321] Eine solche Hauptversammlung unterliegt zwar generell den auf alle Hauptversammlungen anwendbaren §§ 121 ff. AktG, sie wird jedoch unter anderem durch § 16 Abs. 4 WpÜG in einigen Punkten modifiziert. So ist beispielsweise die Einberufungsfrist des § 123 Abs. 1 AktG auf zwei Wochen verkürzt, wobei gleichzeitig

---

[314] Fleischer/*Fuchs*, § 22, Rn. 134.
[315] Fleischer/*Fuchs*, § 22, Rn. 136.
[316] Dabei genügt die Bezeichnung der Maßnahme ihrer Art nach, vgl. BT-Drucks. 14/7477, S. 26.
[317] Fleischer/*Fuchs*, § 22, Rn. 136 ff.
[318] *Lutter/Leinekugel*, ZIP 1998, 805, 814; *Krause* NJW 2002, 705, 712.
[319] Kölner Kommentar/*Hirte*, WpÜG, § 33, Rn. 97.
[320] Geibel/Süßmann/*Schwennicke*, WpÜG, § 33, Rn. 57.
[321] Geibel/Süßmann/*Schwennicke*, WpÜG, § 33, Rn. 58.

die Annahmefrist für das Übernahmeangebot auf die Höchstfrist von zehn Wochen ab der Veröffentlichung des Angebots gemäß § 16 Abs. 1 S. 1 WpÜG verlängert wird.[322] Auch unterliegt der Vorstand bei der Ortswahl der Hauptversammlung entgegen § 121 Abs. 5 AktG keinen Einschränkungen. Er muss allerdings gemäß § 16 Abs. 1 S. 2 WpÜG die Einberufung dem Bieter und der BaFin unverzüglich mitteilen.

Suche nach einem konkurrierenden Angebot:

Ebenfalls nicht unter das Erfolgsverhinderungsverbot fällt gemäß § 33 Abs. 2 S. 2 Alt. 2 WpÜG die Suche nach einem White Knight. Hierdurch wird zwar das Übernahmeangebot als solches nicht direkt verhindert[323] und daher die Suche nach einem White Knight in der Literatur vereinzelt auch nicht als Verteidigungsmaßnahme sui generis angesehen.[324] Allerdings geht mit der Suche nach einem konkurrierenden Angebot oftmals auch eine Bevorzugung des Weißen Ritters vor dem feindlichen Bieter, und damit die Frage einher, wie der Vorstand der Zielgesellschaft diesen zulässigerweise bei seinem Konkurrenzangebot unterstützen darf. Grundsätzlich kodifiziert § 22 Abs. 3 WpÜG einen Gleichbehandlungsgrundsatz aller Bieter des Zielunternehmens. Daher wird teilweise angenommen, dass keine Abwehrmaßnahmen vorgenommen werden dürften, die das konkurrierende Angebot bevorzugen.[325]

Dem ist jedoch entgegenzuhalten, dass aus der Bevorzugung eines konkurrierenden Bieters nicht automatisch die Behinderung des ursprünglichen Bieters erfolgt.[326]

3) Präventive und reaktive Abwehrmaßnahmen:

Von den nach Veröffentlichung eines Übernahmeangebots reaktiv durchgeführten Abwehrmaßnahmen sind solche Handlungen zu unterscheiden, die bereits im Vorfeld als generelle Übernahmeprophylaxe getroffen werden können. Das deutsche Recht lässt börsennotierten Unternehmen im Vorfeld eines Übernahmeangebots vielfältige Möglichkeiten, sich gegen eine spätere unerwünschte Übernahme zu schützen. Im Vergleich dazu sind die Möglichkeiten des hiervon besonders betroffenen Managements nach dem Auftauchen eines Angreifers hingegen deutlich eingeschränkt.[327]

Abwehrmaßnahmen im Vorfeld eines öffentlichen Erwerbsangebots unterliegen, da das Vereitelungsverbot des § 33 Abs. 1 S. 1 WpÜG erst mit der Veröffentlichung der Entscheidung zur Abgabe eines Übernahmeangebots durch den Bieter beginnt, lediglich aktienrechtlichen Beschränkungen.

Präventive Abwehrmaßnahmen:

In Frage kommt in erster Linie die Schaffung von genehmigtem Kapital. Dieses kann in unterschiedlicher Weise als Abwehrmaßnahme gegen feindliche Übernahmeangebote einge-

---

[322] Kölner Kommentar/*Hasselbach*, WpÜG, § 16, Rn. 15, 30.
[323] Geibel/Süßmann/*Schwennicke*, WpÜG, § 33, Rn. 48.
[324] *Hopt*, ZGR 1993, 557.
[325] *Winter/Harbarth*, ZIP 2002, 1, 5.
[326] Fleischer/*Fuchs*, § 22, Rn. 127.
[327] *Schanz*, NZG 2000, 337, 347.

setzt werden. Wird das Bezugsrecht der Altaktionäre ausgeschlossen, so kann der Erwerb von neuen Anteilen durch den Bieter verhindert werden. Hierbei muss jedoch sichergestellt werden, dass die bisherigen Aktionäre auch wirklich an dem Erwerb der neuen Anteile interessiert sind, da diese ansonsten von dem Bieterunternehmen akquiriert werden könnten und so einen gegenteiligen Effekt auslösen.[328] Wird das Bezugsrecht nicht ausgeschlossen, so kann der Erwerb zumindest verteuert und damit unattraktiver gestaltet werden.[329] Auch könnte das genehmigte Kapital dazu genutzt werden, um das Bieterunternehmen selbst anzugreifen.[330] In die gestalterische Nähe von genehmigtem Kapital fällt auch die präventive Platzierung von Options- und Wandelanleihen. Auch hierbei ist ganz wesentlich, dass die Instrumente bei befreundeten Anteilseignern oder Dritten platziert werden, damit diese nicht an den Bieter weiterveräußert werden.

Eine weitere präventive Abwehrmaßnahme stellt der Rückkauf eigener Aktien dar. Allerdings ist in Deutschland der Rückerwerb eigener Aktien nur in den vergleichsweise engen Grenzen des § 71 AktG möglich.[331] Mit dessen Hilfe kann zum einen ein Missverhältnis zwischen dem Börsenkurs des Zielunternehmens und seinem tatsächlichen Wert reduziert werden. Zum anderen lässt sich durch das Ankaufen der Aktien der Börsenkurs in die Höhe treiben, was eine Übernahme für den Bieter verteuert. Gegebenenfalls können die rückerworbenen Anteile dann wie bei einer Kapitalerhöhung bei befreundeten Investoren platziert werden.[332] Als Alternative hierzu bietet sich eine Ausgabe an die Mitarbeiter des Zielunternehmens an. In der Regel werden die Mitarbeiter bei einer drohenden Übernahme aus Sorge um ihren Arbeitsplatz eher auf der Seite der Zielgesellschaft als auf der des Bieters stehen.[333]

Inzwischen in der Praxis weniger verbreitet ist schließlich ein weiteres präventives Abwehrmittel, die wechselseitige Beteiligung. Hierüber kann das Management des Zielunternehmens Anteile der eigenen Gesellschaft mittelbar über andere Gesellschaften kontrollieren. Gleichzeitig führt dies zu einer Eingrenzung des Aktionärskreises, was eine feindliche Übernahme erschwert. Andererseits gehen wechselseitige Beteiligungen auch mit nicht unbeachtlichen Nebenwirkungen einher, wie zum Beispiel der Verwässerung des Kapitals, einem Kontrollefizit der Anteilseigner über die eigene Verwaltung oder einem Flexibilitätsverlust aufgrund der gegenseitigen Abhängigkeit.[334]

Reaktive Abwehrmaßnahmen:

Nach deutschem (Aktien-) Recht steht der Zielgesellschaft nach der Veröffentlichung der Entscheidung zur Abgabe eines Übernahmeangebots durch ein Bieterunternehmen nur eine begrenzte Anzahl von reaktiven Abwehrmaßnahmen zur Verfügung.[335] Zu solchen Maßnahmen, die unter das Vereitelungsverbot des § 33 Abs. 1 S. 2 und Abs. 2 WpÜG fallen, wird

---

[328] *Schanz*, NZG 2000, 337, 343.
[329] *Michalski*, AG 1997, 152, 161.
[330] Sogenannte Pac Man-Verteidigung.
[331] *Assmann/Bozenhardt*, ZGR Sonderheft 9 (1990), 1, 133.
[332] *Schander*, BB 1997, 1801, 1803.
[333] Zu den arbeitsrechtlichen Aspekten bei einem öffentlichen Erwerbsangebot vgl. *Grobys*, NZA 2002, 1.
[334] *Assmann/Bozenhardt*, ZGR Sonderheft 9 (1990), 1, 135.
[335] Anders z.B. in den USA, vgl. *Eichner/Schäfer,* NZG 2003, 150.

unter anderem der Rückerwerb eigener Aktien des Zielunternehmens gezählt. Ein solcher Rückkauf steigert nicht nur den Preis der eigenen Aktie, sondern reduziert auch die am Markt verfügbaren Aktien und wirkt so erschwerend auf das Übernahmeangebot. Gleiches gilt für die Schaffung und Ausnutzung von genehmigtem Kapital gemäß §§ 202 ff. AktG, worunter auch die Emittierung neuer Aktien, gegebenenfalls unter Ausschluss des Bezugsrechts der Altaktionäre, zu subsumieren ist.[336] Schließlich zählt darunter auch der Aufbau einer wechselseitigen Beteiligung mit anderen Unternehmen während der Übernahmephase.[337] Verfügt die Zielgesellschaft über einen hohen Liquiditätsbestand, was zum Beispiel den Bieter zur Abgabe eines Erwerbsangebots überhaupt erst veranlasst hat, so kann dessen Investment in neue Aktiva in Betracht gezogen werden, die für den Bieter weniger attraktiv sind, oder gar eine kartellrechtliche Genehmigung/Ablehnung der Übernahme provozieren.[338]

Hohe Liquiditätsbestände können auch, unter Beachtung der strengen aktienrechtlichen Kapitalbindungsvorschriften, durch die Zahlung von (Sonder-) Dividenden als Mittel zur Senkung der Attraktivität der Zielgesellschaft für den Bieter abgebaut werden.

Hingegen unterliegt der Verkauf wesentlicher Unternehmensgegenstände in Ansehung des Übernahmeangebots[339] einerseits den Schranken des § 179a AktG und andererseits den Holzmüller-Grundsätzen des BGH[340], wonach die Zustimmung der Hauptversammlung notwendig ist. Ein solcher Beschluss müsste auch die Anforderungen des § 33 Abs. 2 WpÜG erfüllen und im Gesellschaftsinteresse liegen.[341] Zweifelhaft ist schließlich auch die Zulässigkeit von besonders hohen Abfindungsversprechen für die Organmitglieder des Zielunternehmens (Golden Parachutes), da das Bieterunternehmen nach dem Kontrollerwerb in der Regel die Organe mit eigenen Personen besetzen will. Solche Abfindungszusagen werden zwar regelmäßig wegen der notwendigen Zustimmung des Aufsichtsrats, der gemäß § 87 AktG die Bezüge festlegt, nicht unter § 33 Abs. 1 S. 1 WpÜG fallen, jedoch ist ihre aktienrechtliche Zulässigkeit im Hinblick auf die Angemessenheit nach § 87 Abs. 1 AktG umstritten.[342]

---

[336] Begr. RegE, BT-Drucks. 14/7034, S. 57.
[337] Fleischer/*Fuchs*, § 22, Rn. 145.
[338] *Hauschka/Roth*, AG 1988, 181, 192.
[339] Begr. RegE, BT-Drucks. 14/7034, S. 58.
[340] Vgl. BGHZ 83, 122.
[341] *Schanz*, NZG 2000, 337, 347.
[342] Fleischer/*Fuchs*, § 22, Rn. 147.

F. Zusammenfassung und Ergebnis

M&A-Transaktionen stellen eine weltweit – und damit auch in Japan und Deutschland – verbreitete externe Wachstumsstrategie dar, die neben besonderen Chancen auch hohe Risiken in sich birgt. Der weltweit hohe Verbreitungsgrad von Unternehmenstransaktionen legt allerdings nahe, dass diese Art des Wachstums eine adäquate Antwort auf die steigende Dynamik und Komplexität der weltweiten Märkte und komplexen Umweltanforderungen darstellt.

Lange Zeit lag Japan bezüglich seines M&A-Marktes, insbesondere hinsichtlich der Parameter Volumen und Internationalität, hinter den anderen führenden Industrieländern zurück. So behinderten stabile Überkreuzbeteiligungen und weitverzweigte Unternehmensgruppen eine nachhaltige M&A-Aktivität, erst recht von ausländischen Akteuren. Japan konnte dieses Defizit jedoch seit Ende des Zweiten Weltkriegs aufholen und sich gut in den internationalen M&A-Markt einfügen. Dies ist insbesondere der rechtlichen Entwicklung seit den 1990er Jahren zu verdanken, die, gepaart mit zunehmendem internationalem Investitionsinteresse, Fusionen und Akquisitionen bessere Entfaltungsmöglichkeiten bietet. In Deutschland nahm der M&A-Markt erst seit Ende der 1980er Jahre am weltweiten Geschäft teil, entwickelte sich aber seitdem stetig weiter und nahm an allen großen internationalen Wellen teil. Die deutsche Unternehmenslandschaft ist zwar heute noch zu großen Teilen von Dezentralisierung und mittelständischer Wirtschaft geprägt, dennoch vermochten es die internationalen Finanzakteure den inländischen Markt bei seinen wirtschaftlichen und politischen Öffnungstendenzen zu unterstützen. Heute repräsentiert Deutschland zwar den viertgrößten M&A-Markt weltweit, leidet aber aufgrund seiner fast vollständigen Synchronisierung mit dem Weltmarkt ebenfalls zur Zeit an einer Baisse.

Im Bereich der Private M&A-Transaktionen existieren, bezogen auf deren Struktur und Ablauf, keinerlei Unterschiede zwischen Deutschland und Japan. Dies ist mit Sicherheit zum einen der globalen Entwicklung in diesem Markt in den letzten fünfzig Jahren geschuldet. International tätige Investoren haben nachhaltig daran gearbeitet, ihre Investments nach dem gleichen Ablaufschema strukturieren zu können, um so länder- und jurisdiktionsunabhängig möglichst zeit- und kosteneffizient arbeiten zu können. Dies hat dazu geführt, dass heute weltweit das gleiche Ablaufschema Anwendung findet. Zum anderen liegt die weitgehende Kongruenz darin begründet, dass Struktur und Ablauf einer privaten Unternehmensübernahme fast vollständig von den juristischen Details der Gestaltung des Transfers selbst unabhängig sind. Einflüsse auf die Transaktion nimmt die jeweilige Rechtsordnung, nach welcher sich der Erwerb richten soll, nur noch dort, wo auf der Ebene der tatsächlichen Kaufvertragsformulierung das vorgegebene Gerüst der Akquisition rechtswirksam und endgültig verankert wird.

Der Kauf eines Unternehmens im Wege eines öffentlichen Erwerbsangebots bildet einen Sonderfall des Unternehmenskaufs. Das in diesen Fällen zusätzlich eingreifende Kapitalmarktrecht ist in Deutschland und Japan dichter geregelt ist, als das jeweilige Gesellschaftsrecht. In Deutschland waren Meilensteine die Einführung des WpÜG und der europäischen Übernahmerichtlinie. Das japanische Recht hingegen orientierte sich zunächst am angelsächsischen Übernahmerecht. Erst mit der Revision des Gesellschaftsrechts in den Jahren 2005/06 nahmen die Einflüsse des kontinentaleuropäischen Rechts zu. Die ersten feindlichen Übernahmeversuche in Japan kamen jedoch schon in den 1950er Jahren auf, in Deutschland hingegen erst Jahrzehnte später. Ebenso wie in Japan sind feindliche Übernahmen in Deutschland – bis heute – aber vergleichsweise selten anzutreffen. Dafür sind sie hierzulande im Regelfall erfolgreich, soweit der Bieter einen angemessenen Kaufpreis zahlt. In Japan scheiterten hingegen die meisten feindlichen Übernahmen. Vor diesem Hintergrund ist es nicht unumstritten, ob und wenn ja unter welchen Umständen die Organe des Zielunternehmens abwehrende Maßnahmen treffen dürfen, die in den Kernbereich der Eigentümerinteressen eingreifen. In Japan sind bis heute die Voraussetzungen und Grenzen der Zulässigkeit von Abwehrmaßnahmen – bis auf unverbindliche Vorschläge und Best Practice Richtlinien – nicht klar herausgearbeitet. In Deutschland hat der Gesetzgeber mit dem Erfolgsverhinderungsverbot im WpÜG den Vorstand in erheblichem Maße zur Ergreifung von Abwehrmaßnahmen ermächtigt.

Endergebnis:

Japan und Deutschland weisen in vielerlei Hinsicht eine Parallelität innerhalb ihrer Rechtssysteme auf, wie sie international nur selten zu finden ist. Viele Male hat Japan schon Teile aus anderen rechtlichen Regelwerken übernommen und in das eigene System integriert. Beispiele hierfür sind zahlreich vorhanden, zum Beispiel die Übernahme von Teilen des deutschen Privatrechts oder des europäischen Produkthaftungsrechts. Solche Übernahme- und Angleichungstendenzen an andere Rechtssysteme finden sich auch im Übernahmerecht Japans und Deutschlands. Inzwischen hat sich im Bereich der Private M&A-Transaktionen weltweit ein quasi vollständig übereinstimmender Ablauf herausgebildet. Bei Public M&A-Transaktionen ist dies hingegen nicht ohne weiteres nachzuweisen. Hier war das japanische System lange Zeit wesentlich vom angelsächsischen Recht geprägt, bevor europäische Annäherungstendenzen erkennbar wurden. Daher ist dieser Bereich bis heute nicht von Angleichungsreaktionen zwischen Deutschland und Japan geprägt, wie sie in anderen Rechtsbereichen zu finden sind. In beiden Rechtsordnungen bekannt sind zwar einige der international angewendeten Abwehrmaßnahmen bei feindlichen Übernahmeangeboten, dennoch weißt das im Vergleich zum deutschen Recht in Japan eher weniger dicht geregelte Übernahmerecht, insbesondere in Bezug auf die Abwehrmaßnahmen, signifikante Unterschiede auf, beispielsweise in den Voraussetzungen und genauen Ausgestaltungen solcher Abwehrmaßnahmen. Japan wird in der Zukunft sein Übernahmerecht betreffend feindlicher Erwerbsangebote detaillierter regeln (müssen). Offen ist dabei allerdings, ob es sich an den angelsächsischen Mustern oder den europäischen beziehungsweise deutschen Regelungen orientieren wird.

Literaturverzeichnis

Aoki, Hiroko: Neuregelung von Aufsicht, Rechtsdurchsetzung und Finanzdienstleistungen in Japan, ZJapanR 16 (2003), 13

Arikawa, Yasuhiro / Miyajima, Hideaki: Understanding the M&A boom in Japan: What drives Japanese M&A?, RIETI Paper 07-E-042, o.O. 2007

Arikawa, Yasuhiro / Mitsusada, Yosuke: The Adoption of Poison Pills and Managerial Entrenchment: Evidence from Japan, RIETI Discussion Paper Series No. 08-E-006, o.O. 2008

Assmann, Heinz-Dieter / Bozenhardt, Friedrich: Übernahmeangebote als Regelungsproblem zwischen gesellschaftsrechtlichen Normen und zivilrechtlich begründeten Verhaltensgeboten, ZGR Sonderheft 9, 1990, Übernahmeangebote, 1

Assmann, Heinz-Dieter / Pötzsch, Thorsten / Schneider, Uwe H.: Wertpapiererwerbs- und Übernahmegesetz, Köln 2005

Austmann, Andreas / Mennicke, Petra: Übernahmerechtlicher Squeeze-out und Sell-out, NZG 2004, 846

Baum, Harald: Marktzugang und Unternehmenserwerb in Japan, Heidelberg 1995

Baum, Harald: Der Markt für Unternehmen und die Regelung von öffentlichen Übernahmeangeboten in Japan, AG 1996, 399

Baum, Harald / Saito, Maki: Übernahmerecht, in: *Baum, Harald / Bälz, Moritz* (Hrsg.): Handbuch Japanisches Handels- und Wirtschaftsrecht, Köln 2011, S. 317

Becker, Daniel R.: Ressourcen-Fit bei M&A Transaktionen: Konzeptualisierung, Operationalisierung und Erfolgswirkung auf Basis des resource-based view, Wiesbaden 2005

Beckmann, Ralph: Der Richtlinienvorschlag betreffend Übernahmeangebote auf dem Weg zu einer europäischen Rechtsangleichung, DB 1995, 2407

Beß, Jürgen: Europäische Regelung für Übernahmeangebote, AG 1976, 206

Bitterer, Nadine: Das Ende der 6. M&A-Welle – Folgen für Beratungsdienstleister am Finanzplatz Frankfurt, Frankfurt am Main 2010

Brass, Stefan: Hedgefonds als aktive Investoren. Rechtliche Schranken und rechtspolitische Vorschläge, Frankfurt am Main 2009

Bromann, Silke / Pascha, Werner / Philipsenburg, Gisela: M&A in Japan: eine Option für deutsche Unternehmen?, in: *Lichtblau, Karl / Pascha, Werner / Storz, Cornelia* (Hrsg.): Workshop Klein- und Mittelunternehmen in Japan. Themenschwerpunkt M&A in Japan – ein neues Instrument der Unternehmenspolitik?, Duisburg 2000, S. 15

Colcera, Enrico: The Market for Corporate Control in Japan, Berlin 2007

Crump, John D.: Nikkeiren and Japanese Capitalism, London 2003

Cyert, Richard M. / March, James G.: Eine verhaltenstheoretische Theorie der Unternehmung, 2. Auflage, Stuttgart 1995

Deutsche Industrie- und Handelskammer in Japan / Roland Berger Strategy Consultants (Hrsg.): Restrukturierung in Japan. Studie auf Basis einer gemeinsamen Unternehmensbefragung durch die DIHKJ und RBSC, o.O. 2009 (zit. DIHKJ/RBSC)

Dewey, Donald: Mergers and Cartels: Some Reservations about Policy, American Economic Review 51 (1961), 255

Eccles, Robert G. / Lanes, Kersten L. / Wilson, Thomas C.: Are you paying too much for that acquisition?, Harvard Business Review 2001, 45

Eichner, Franz / Schäfer, Christian: Abwehrmöglichkeiten des Vorstands von börsennotierten Aktiengesellschaften bei feindlichen Übernahmeversuchen – ein Rechtsvergleich zwischen Deutschland und den USA, NZG 2003, 150

Ekkenga, Jens / Hofschroer, Josef: Das Wertpapiererwerbs- und Übernahmegesetz, DStR 2002, 724

Erbach, Stefan: Das WpÜG im europarechtlichen Kontext. Eine rechtspolitische Analyse am Beispiel der Übernahme der Hochtief AG durch ACS, Hamburg 2012

Fleischer, Holger (Hrsg.): Handbuch des Vorstandsrechts, München 2006

Franks, Julian / Mayer, Colin / Miyajima, Hideaki: Equity Markets and Institutions: The Case of Japan, Working Paper, o.O. 2009, im Internet abrufbar unter http://ssrn.com/abstract=1362613

Fujiwara, Soichiro / Kametaka, Satoko: International Business Negotiations in Japan, in: *Silkenat, James R. / Aresty, Jeffrey M. / Klosek, Jacqueline* (Hrsg.): The ABA Guide to International Business Negotiations, 3. Auflage, o.O 2009, S. 661

Gawlik, Katja: Kulturelle Einflüsse im Beschaffungsmarketing. Vergleich des Verhandlungsverhaltens in China, Japan und Deutschland, Wiesbaden 2003

Geibel, Stephan / Süßmann, Rainer: Wertpapiererwerbs- und Übernahmegesetz, 2. Auflage, München 2008

Gerds, Johannes / Schewe, Gerhard: Post-Merger-Integration: Unternehmenserfolg durch Integration Excellence, Berlin 2001

Gerth, Alexander: Die weichen Faktoren von Mergers & Acquisitions: Zur Bedeutung der kulturellen und personellen Integration für den Erfolg von Unternehmenszusammenschlüssen, Norderstedt 2005

Goette, Wulff / Habersack, Mathias (Hrsg.): Münchner Kommentar zum Aktiengesetz / Wertpapiererwerbs- und Übernahmegesetz, Band 6, 3. Auflage, München 2001, Band 9a, 2. Auflage, München 2004, (zit. Münchener Kommentar/*Bearb.*)

Gräwe, Daniel: Der Deutsche Corporate Governance Kodex und Nonprofit Organisationen, Hamburg 2011

Gräwe, Daniel / Albien, Christopher: Die Veräußerung von landwirtschaftlichen Betrieben (Teil 1), AUR 2012, 161

Gräwe, Daniel / Sahin, Köksal: Produkthaftung in Japan, ZfRV 2012, 182

Grobys, Marcel: Arbeitsrechtliche Aspekte des Wertpapiererwerbs- und Übernahmegesetzes, NZA 2002, 1

Grote, Michael: Die Entwicklung des Finanzplatzes Frankfurt, Berlin 2004

Grube, Rüdiger / Töpfer, Armin: Post-Merger-Integration: Erfolgsfaktoren für das Zusammenwachsen von Unternehmen, Düsseldorf 2002

Gummert, Hans / Weipert, Lutz: Münchener Handbuch des Gesellschaftsrechts, Band 1, 3. Auflage, München 2009, (zit. Münchener Handbuch des Gesellschaftsrechts/*Bearb.*)

Gut-Villa, Cornelia: Human Ressource-Management bei Mergers & Acquisitions, Bern 1997

Hanke, Kerstin / Socher, Oliver: Fachbegriffe aus M&A und Corporate Finance. Der Unternehmenskauf in der Planungs- und Bieterphase, NJW 2010, 1261

Hanke, Kerstin / Socher, Oliver: Fachbegriffe aus M&A und Corporate Finance. Der Unternehmenskauf in der Due Diligence Phase, NJW 2010, 829

Hansen, Nels: Japan's First Poison Pill Case, Bulldog Sauce v. Steel Partners: A Comparative and Institutional Analysis, ZJapanR 26 (2008), 139

Haspeslagh, Philippe / Jemison, David: Managing Acquisitions: creating value through corporate renewal, New York 1991

Hauschka, Christoph / Roth, Thomas: Standortbestimmung des deutschen Aktienrechts, AG 1988, 181

Hayakawa, Masaru: Die Zulässigkeit von Abwehrmaßnahmen im sich entwickelnden japanischen Übernahmemarkt, in: *Grundmann, Stefan / Haar, Brigitte / Merkt, Hanno et al.* (Hrsg.): Festschrift für Klaus J. Hopt, Berlin 2010, S. 3081

Hawranek, Florian: Schnittstellenmanagement bei M&A Transaktionen, Wiesbaden 2004

Hendry, Joy: Understanding Japanese Society, London 2003

Herbes, Carsten: Post-Merger-Integration bei europäisch-japanischen Unternehmenszusammenschlüssen, Wiesbaden 2006

Hirte, Heribert / von Bülow, Christoph (Hrsg.): Kölner Kommentar zum WpÜG, 2. Auflage, Köln 2010, (zit. Kölner Kommentar/*Bearb.*, WpÜG)

Holzapfel, Reinhard / Pöllath, Hans-Joachim: Unternehmenskauf in Recht und Praxis, 14. Auflage, München 2010

Hopt, Klaus J.: Aktionärskreis und Vorstandsneutralität, ZGR 1993, 557

Hopt, Klaus J.: Präventivmaßnahmen zur Abwehr von Übernahme- und Beteiligungsversuchen, WM Sonderheft-Festgabe für Theodor Heinsius vom 25. September 1991, S. 22

Hopt, Klaus J.: Europäisches und deutsches Übernahmerecht, ZHR 1997, 368

Hopt, Klaus J. / Merkt, Hanno (Hrsg.): Handelsgesetzbuch, 34. Auflage, München 2010, (zit. *Baumbach/Hopt*)

Howell, Robert A.: Plan to integrate your acquisition, Harvard Business Review 1970, 66

Huber, Paul: Kapitalmarktreaktionen auf Abwehrmaßnahmen feindlicher Übernahmen aus Agency-Sicht. Das Beispiel Mannesmann AG – VodafoneAirtouch Plc., München 2000

Hünerberg, Reinhard: Internationales Marketing, Landsberg am Lech 1994

Institute for Mergers & Acquisitions (Universität Witten/Herdecke) / Ernst & Young Corporate Finance GmbH (Hrsg.): M&A Strategien und Übernahmewellen: Die Zukunft des M&A Marktes, Witten/Eschborn 2004 (zit. Witten/EY)

Jansen, Stephan A.: Management von Unternehmenszusammenschlüssen: Theorien, Thesen, Tests und Tools, Stuttgart 2004

Jansen, Stephan A. / Körner, Klaus: Fusionsmanagement in Deutschland, Witten-Herdecke 2000

Jenkinson, Tim /Ljundqvist, Alexander: Governance, Discussion Paper Series Number 1695, Oxford University and Centre for Economic Policy Research, London 1997

Kanda, Hideki: Takeover defences and the role of law: a Japanese perspective, in: *Tison, Michel / De Wulf, Hans / Van der Elst Christoph / Steennot, Reinhard* (Hrsg.): Perspectives in Company Law and Financial Regulation – Essays in Honour of Eddy Wymeersch, Cambridge 2009, S. 413

Kerler, Patrik: Mergers & Acquisitions und Shareholder-Value, Bern 2000

Kern, Tobias F.: Auswirkungen der Finanzkrise auf den Markt für Mergers & Acquisitions im Deutschen Mittelstand, Norderstedt 2010

Kester, Carl W.: Japanese takeovers: the global contest for corporate control, Boston 1991

Kirchner, Christian: Managementpflichten bei „feindlichen" Übernahmeangeboten, WM 2000, 1822

Kirchner, Christian: Neutralitäts- und Stillhaltepflicht des Vorstands der Zielgesellschaft im Übernahmerecht, AG 1999, 486

Klagge, Britta: Finanzmärkte, Unternehmensfinanzierung und die aktuelle Finanzkrise, Zeitschrift für Wirtschaftsgeographie 53/2009, 1

Klein, Albrecht: Abwehrmöglichkeiten gegen feindliche Übernahmen in Deutschland, NJW 1997, 2085

Klemm, David / Reinhardt, Wilhelm: Vorbereitungshandlungen für eine erfolgreiche Übernahmeverteidigung, NZG 2010, 1006

Kogeler, Ralf: Synergiemanagement im Acquisitions- und Integrationsprozess von Unternehmungen, München 1992

Kolesky, Katarzyna: Management kultureller Integrationsprozesse bei grenzüberschreitenden Unternehmenszusammenschlüssen, Kassel 2006

Kopp, Vera: Kontrollierte Auktionen. Eine Analyse privater Unternehmensverkäufe aus Perspektive des Veräußerers, Lohmar 2010

Kozuka, Soichiro: The Use of Stock Options as Defensive Measures: The Impact of the 2001 Amendments to the Corporate Law on Corporate Controls in Japan, ZJapanR 15 (2003), 135

Krause, Hartmut: Das neue Übernahmerecht, NJW 2002, 705

Kunisch, Sven: Der Deutsche M&A-Markt 2008 – im Zeichen der Finanzkrise, M&A Review 2/2009, 47

Lietz, Markus: Abwehrmaßnahmen gegen feindliche Unternehmensübernahmen, München 2010

Loheide, Johannes: Finanzmarkt ohne Grenzen? Regionalpolitik und Finanzplätze in der Globalisierung, Wiesbaden 2008

Lucks, Kai / Meckl, Reinhard: Internationale Mergers & Acquisitions: der prozessorientierte Ansatz, Berlin 2002

Lutter, Marcus / Leinekugel, Rolf: Der Ermächtigungsbeschluß der Hauptversammlung zu grundlegenden Strukturmaßnahmen – zulässige Kompetenzübertragung oder unzulässige Selbstentmachtung?, ZIP 1998, 805

Marutschke, Hans-Peter: Einführung in das japanische Recht, 2. Auflage, München 2009

Michalski, Lutz: Abwehrmechanismen gegen unfreundliche Übernahmeangebote („unfriendly takeovers") nach deutschem Aktienrecht, AG 1997, 152

Milhaupt, Curtis J.: Creative Norm Destruction: The Evolution of Nonlegal Rules in Japanese Corporate Governance, University of Pennsylvania Law Review 149 (2001), 6

Milhaupt, Curtis J.: In the Shadow of Delaware? The Rise of Hostile Takeovers in Japan, Columbia Law Review 105 (2005), 2171

Mitoma, Hiroshi: Cross-Border M&As – Japanese Companies and Foreign Investors, The Japanese Annual of International Law 50 (2007), 124

Morck, Randall K. / Nakamura, Masao: Been There, Done That. The History of Corporate Ownership in Japan, ECGI Working Paper Series in Finance Working Paper N° 20, o.O., 2003

Müller, Welf / Rödder, Thomas: Beck'sches Handbuch der AG, 2. Auflage, München 2009

Müller-Stewens, Günter: Konsequenzen für den Markt für Unternehmenskontrolle, in: University of St. Gallen (Hrsg.): Konsequenzen aus der Finanzmarktkrise, Responsible Corporate Competitiveness Nr. 1, St. Gallen 2009, S. 32

Muramatsu, Shinobu: M&A in Japan – Past and Present, in *Bebenroth, Ralf* (Hrsg.): In the Wave of M&A: Europe and Japan, München 2007, S. 70

Nakamoto, Kiochiro / Masuda, Kenichi / Watanabe, Takeshi: Japan, in: American Bar Association (Hrsg.): International Mergers and Acquisitions Due Diligence, Chicago 2007

Nakamura, H. Richard: Motives, Partner Selection and Productivity Effects of M&As – The Pattern of Japanese Mergers and Acquisitions, Stockholm 2005

Nishigaki, Kengo / Molina, Rodell: Japan, in: *Pfeiffer, Gero / Timmerbeil, Sven / Johannesdotter, Frederik* (Hrsg.): International Asset Transfer: An Overview of the Main Jurisdictions, Berlin 2010, S. 327

Nolte, Cornelius / Leber, Hendrik: Feindliche Unternehmensübernahmen – eine Gefahr für deutsche Unternehmen, DBW 1990, 573

North, Douglas C.: Institutions, Institutional Change and Economic Performance, Cambridge 1990

Okumura, Hiroshi: Corporate capitalism in Japan, New York 2000

Özdag, Fikret: Mergers & Acquisitions. Ausmaß, Gründe und Erfahrungen von Unternehmenszusammenschlüssen, Hamburg 2009

Pack, Heinrich: Due Diligence, in: *Picot, Gerd* (Hrsg.): Handbuch Mergers & Acquisitions, Stuttgart 2002, S. 267

Papprottka, Stephan: Unternehmenszusammenschlüsse: Synergiepotentiale und ihre Umsetzungsmöglichkeiten durch Integration, Wiesbaden 1996

Picot, Gerd: Wirtschaftliche und wirtschaftsrechtliche Aspekte bei der Planung der Mergers & Acquisitions, in: *Picot, Gerd* (Hrsg.): Handbuch Mergers & Acquisitions, Stuttgart 2002, S. 3

Puchniak, Dan W.: Delusions of Hostility: The Marginal Role of Hostile Takeovers in Japanese Corporate Governance Remains Unchanged, ZJapanR 28 (2009), 89

Pucik, Vladimir: Post-Merger Integration Process in Japanese M&A: The Voices from the Front-Line, in: *Cooper, Cary L. / Finkelstein, Sydney* (Hrsg.): Advances in Mergers and Acquisitions, Bingley 2008, S. 71

Raupach-Sumyia, Jörg: Auswirkungen wachsender M&A-Aktivitäten auf das japanische Unternehmenssystem, in: *Lichtblau, Karl / Pascha, Werner / Storz, Cornelia* (Hrsg.): Workshop Klein- und Mittelunternehmen in Japan. Themenschwerpunkt M&A in Japan – ein neues Instrument der Unternehmenspolitik?, Duisburg 2000, S. 23

Röhl, Wilhelm: History of law in Japan since 1868, Leiden 2005

Roos, Michael: Der neue Vorschlag für eine EG-Übernahme-Richtlinie, WM 1996, 2177

Roßmann, Ute: Veränderungen in den japanischen Wertschöpfungsstrukturen, Wiesbaden, 2003

Schander, Albert A.: Abwehrstrategien gegen feindliche Übernahmen und ihre Zulässigkeit im Lichte der Aktienrechtsreform, BB 1997, 1801

Schanz, Kay-Michael: Feindliche Übernahmen und Strategien der Verteidigung, NZG 2000, 337

Schmitz, Gertrud: Die Dynamik dauerhafter Geschäftsbeziehungen in Dienstleistungsmärkten: Ein prozessorientierter Erklärungs- und Gestaltungsansatz, in: *Bruhn, Manfred / Stauss, Bernd* (Hrsg.): Dienstleistungsmanagement, Wiesbaden 2001, S. 3

Schneider, Björn: Konzeption einer umfassenden Unternehmensbewertung als Grundlage der Kaufentscheidung und Basis einer erfolgreichen post-akquisitorischen Integrationsphase, München 2007

Schneider, Uwe / Burgard, Ulrich: Übernahmeangebote und Konzerngründung – Zum Verhältnis von Übernahmerecht, Gesellschaftsrecht und Konzernrecht, DB 2001, 967

Schüppen, Matthias / Schaub, Bernhard (Hrsg.): Münchner Anwaltshandbuch Aktienrecht, München, 2. Auflage 2010

Schuster, Michael: Feindliche Übernahmen deutscher Aktiengesellschaften – Abwehrstrategien des Vorstandes der Zielgesellschaft, Berlin 2003

Seki, Hideaki: Übernahmeangebote im japanischen Recht, Münster 1976

Shinkokai, Nihon Böki (Hrsg.): Japan's changing economic laws and regulations, Tokio 2001

Shishido, Zenichi: Changes in Japanese Corporate Law and Governance: Revisiting the Convergence Debate, Law and Economics Workshop, Law paper No. 216, o.O., 2004

Smith, Robert J. / Beardsley, Richard K.: Japanese Culture, London 2004

v. Stein, Heinrich / Terrahe, Jürgen: Bürokommunikation, in: *v. Stein, Heinrich / Terrahe, Jürgen* (Hrsg.): Handbuch Bankorganisation, 2. Auflage, Wiesbaden 1995, S. 574

Strohmer, Michael F.: Integration nach Merger and Acquisition. Erfolgskonzeption für das Post Deal Management, Wiesbaden 2001

Takahashi, Eiji /Sakamoto, Tatsuya: Japanese Corporate Law: The Bull-Dog Sauce Takeover Case of 2007, ZJapanR 25 (2008), 221

Taki, Yujiro / Nishino, Jun / Konuma, Yasushi: Options Available for Japanese Companies in a Globalized Market Environment, NRI Paper, No. 111, o.O. 2006

Thaeter, Ralf / Barth, Daniel: RefE eines Wertpapiererwerbs- und Übernahmegesetzes, NZG 2001, 545

Töpfer, Armin: Mergers & Acquisitions: Anforderungen und Stolpersteine, ZfO 2000, 10

Unterreitmeier, Andreas: Unternehmenskultur bei Mergers & Acquisitions. Ansätze zu Konzeptualisierung und Operationalisierung, Wiesbaden 2004

van Schaik, Dimitri: M&A in Japan. An Analysis of Merger Waves and Hostile Takeovers, ERIM PhD Series in Research in Management, No. 141, o.O. 2008

VC-facs / Majunke, Sven (Hrsg.): Private Equity Yearbook 2007, 3. Auflage, Gaggenau 2008

Vogel, Dieter H.: M&A. Ideal und Wirklichkeit, Wiesbaden 2002

Voss, Inga: Das M&A-Jahr 2004 in Deutschland – Geschäft zieht weiter an, Deutschland hinkt hinterher, M&A Review 2/2005, 50

Waas, Michael: "Wagnis Mensch" im M&A Prozess. Eine verhaltenstheoretische Risikoanalyse, Wiesbaden 2005

Werner, Markus: Post-Merger-Integration – Problemfelder und Lösungsansätze, ZfO 1999, 330

Whittaker, D. Hugh / Hayakawa, Masaru: Contesting „Corporate Value" Through Takeover Bids in Japan, ZJapanR 23 (2007), 5

Wilder, Dana: Durchführung einer feindlichen Übernahme im deutschen und russischen Recht, Bremen 2011

Winter, Martin / Harbarth, Stephan: Verhaltenspflichten von Vorstand und Aufsichtsrat der Zielgesellschaft bei feindlichen Übernahmeangeboten nach dem WpÜG, ZIP 2002, 1

Wirtz, Bernd W.: Mergers & Acquisitions Management. Strategie und Organisation von Unternehmenszusammenschlüssen, München 2003

Witty, Thomas: Fortsetzung der Gesellschaftsrechtsreform in Japan im Jahre 2007: Neuregelungen zur Dreiecksfusion, zum Übernahmeangebot und zum Aktientausch, ZJapanR 25 (2008), 165

Witty, Thomas: Unternehmenskauf in Japan, in: Haarmann Hemmelrath & Partner (Hrsg.): Gestaltung und Analyse in der Rechts-, Wirtschafts- und Steuerberatung von Unternehmen, Köln 1998, S. 517

Yamagishi, Toshio / Yamagishi, Midori: Trust and Commitment as Alternative Responses to Social Uncertainty, in: *Fruin, W. Mark* (Hrsg.): Networks, Markets, and the Pacific Rim: Studies in Strategy, New York 1998, S. 109

Yamaguchi, Shigeo: Abwehrmaßnahmen börsennotierter Aktiengesellschaften gegen feindliche Übernahmeangebote in Deutschland und Japan, Köln, 2005

Zoellner, Wolfgang / Noack, Ulrich (Hrsg.): Aktiengesetz, 3. Auflage, München 2009, (zit. Kölner Kommentar/*Bearb.*, AktG)

Thematischer Überblick der Reihe

„Internationale und interkulturelle Projekte erfolgreich umsetzen"

- Bd. 1: Sascha Giesche:
  „Interkulturelle Kompetenz als zentraler Erfolgsfaktor im internationalen Projekt-management"
  Diplomica 2010, deutsch, 148 Seiten, 39,50 € (ISBN: 978-3-8366-9109-3)

Methodenfokus:	Regionaler Fokus:
o Internationales Projektmanagement	o nicht eingeschränkt
o Interkulturelle Kompetenz und Projekt-erfolg	
o Interkulturelles Training	

- Bd. 2: Petia Jacobs:
  „Bulgarien als Absatzmarkt für deutsche Lebensmittel-Discounter – Entwicklung einer Markteintrittskonzeption"
  Diplomica 2010, deutsch, 152 Seiten, 49,50 € (ISBN: 978-3-8366-8768-3)

Methodenfokus:	Regionaler Fokus:
o Markteintrittstrategien und Strategie-empfehlungen	o Bulgarien (als Zielland)
o Einflussfaktoren auf den Markteintritt	o Deutschland (als Stammland)
o Handlungsempfehlungen zur Ausge-staltung des Marketings	o Branchenfokus: Lebensmittel-Discounter

- Bd. 3: Nicole Sabel:
  „Interkulturelle Kompetenz – Einfluss der Kultur auf das internationale Manage-ment"
  Diplomica 2010, deutsch, 128 Seiten, 39,50 € (ISBN: 978-3-8366-9699-9)

Methodenfokus:	Regionaler Fokus:
o (Landes- und Unternehmens-) Kultur	o nicht eingeschränkt
o Internationales Management / interkulturelle Kompetenz: - Personalführung - Kommunikation & Verhandlung - Marktforschung & Marketing	
o Interkulturelles Training	

- Bd. 4: Anna-Katharina Glahn:
  „Personalentwicklung – Strategien multinationaler Unternehmen"
  Diplomica 2010, deutsch, 92 Seiten, 39,50 € (ISBN: 978-3-8366-9810-8)

Methodenfokus:	Regionaler Fokus:
o Globale Strukturen und globale Kulturen	o nicht eingeschränkt
o Personalentwicklung im geografischen Vergleich	
o Ziele und Strategien der Personalentwicklung multinationaler Unternehmen	

- Bd. 5: Sandra Lukatsch:
  „Corporate Social Responsibility in der Supply Chain in China – Eine Analyse zwischen Theorie und Praxis der Computerunternehmen Dell, HP und Acer"
  Diplomica 2010, deutsch, 108 Seiten, 39,50 € (ISBN: 978-3-8366-9571-8)

Methodenfokus:	Regionaler Fokus:
o CSR (Corporate Social Responsibility); Empirischer Vergleich von Umsetzungsformen	o China (als Zielland)
	o USA (als Stammland)
o SCM (Supply Chain Management)	o Branchenfokus: Elektronik/ Computer

- Bd. 6: David Siebert:
  „Die Balanced ScoreCard – Entwicklungstendenzen im deutschsprachigen Raum"
  Diplomica 2011, deutsch, 184 Seiten, 49,50 € (ISBN: 978-3-8428-5410-9)

Methodenfokus:	Regionaler Fokus:
o BSC (Balanced Score Card): methodische Grundlagen	o Deutschland und deutschsprachiger Raum (Österreich, Schweiz)
o BSC: Implementierungskonzepte unterschiedlicher Branchen im Vergleich	
o BSC: funktionale Einbettung (z.B. in das Risiko- oder Krisenmanagement)	

- Bd. 7: Lisa Döding:

„Information und Kommunikation in internationalen Projektteams"

Diplomica 2011, deutsch, 140 Seiten, 49,50 € (ISBN: 978-3-8428-6110-7)

Methodenfokus:	Regionaler Fokus:
o Einflüsse & Auswirkungen der I&K auf frühe Phasen internationaler Projekte o inkl. GPM-Studie „Information & Kommunikation in internationalen Projektteams" (24 S., 2010)	o Deutschland (als Stammland) o keine Einschränkung der Zielländer

- Bd. 8: Daniela Heidtmann:

„International strategic alliances and cultural diversity – German companies getting involved in Iran, India and China"

Diplomica 2011, englisch, 124 Seiten, 39,50 € (ISBN: 978-3-8428-6427-6)

Methodenfokus:	Regionaler Fokus:
o kulturelle Differenzierung; Exemplarische Analyse landesspezifischer Normen und Werte o Strategische Allianzen als Internationalisierungsoption und kulturelle Prägungen strategischer Allianzen	o China (als Zielland) o Indien (als Zielland) o Iran (als Zielland) o Deutschland (als Stammland)

- Bd. 9: Oliver Augustin:

„Kommunikationskompetenz in interkulturellen Projekten – Kommunikationspsychologische Modelle zur Lösung typischer Missverständnisse in deutsch-französischen Projekten"

Diplomica 2012, deutsch, 124 Seiten, 39,50 € (ISBN: 978-3-8428-6992-9)

Methodenfokus:	Regionaler Fokus:
o Kommunikationsprozess und Kommunikationsebenen o Kommunikationspsychologische Perspektive in interkulturellen Projekten (Arbeitsstil, Führungsstil, Mitarbeitergespräche, …)	o Frankreich o Deutschland

- Bd. 10: Sandra Franke:
  „Interkulturelles Management: Thailand – Deutschland"
  Diplomica 2012, deutsch, 96 Seiten, 39,50 € (ISBN: 978-3-8428-7001-7)

Methodenfokus:	Regionaler Fokus:
o Internationalisierung und interkulturelles Management	o Thailand
o Kulturmodelle und Kulturdimensionen	o Deutschland (als Stammland)
o Beschreibung und Analyse kulturbedingter Differenzen im beruflichen Alltag	

- Jubiläumsband:
  „Internationales Projektgeschäft – Chancen, Handlungsempfehlungen und ausgewählte Beispiele"
  Diplomica 2012, deutsch, 276 Seiten, 49,50 € (ISBN 978-3-8428-8366-6)

  o Tim Schalow:
     „Die Bedeutung interkultureller Kompetenz für deutsche Unternehmen in Japan"

  o Marcel Rockstedt:
     „Die Erfolgsstory von Toyota – Toyota Produktionssystem und der 'Toyota Way' "

  o Alexander Janzer:
     „Management in Deutschland und USA – ein kritischer Forschungsbericht"

  o Vinh Tai Tran:
     „Die Europäische und Chinesische Textilwirtschaft im Wandel"

Methodenfokus:	Regionaler Fokus:
o Interkulturelle Kompetenz (allgemein und in deutschen Unternehmen)	o Japan (allgemein)
o Unternehmenskultur (speziell Japan); Produktionssysteme (speziell Toyota)	o Toyota und die japanische Automobilindustrie
o Deming'sche Managementlehre	o USA
o Überblick über die aktuelle internationale Managementforschung (Werte-, Ethik-, Planungs-, Verhandlungs- und Geschlechterforschung)	o Deutschland (allgemein und als Stammland)
	o China
o Entwicklungsstufen der Textwirtschaft von der Industrialisierung bis zur Globalisierung & Produktionsverlagerung	o Vietnam
	o Branchenfokus (asiatische) Textilwirtschaft
o Firmengründung, Auslandsinvestition	

- Bd. 11: Dennis Holz:

  „Internationale Strategische Allianzen in der Automobilindustrie: Die Renault-Nissan Allianz"

  Diplomica 2012, deutsch, 152 Seiten, 49,50 € (ISBN: 978-3-8428-8895-1)

Methodenfokus:	Regionaler Fokus:
o Strategische Allianzen (allgemein und in der internationalen Automobilindustrie)	o Frankreich
o Merkmale, Herausforderungen; Erfolgsfaktoren und Phasenkonzepte Strategischer Allianzen	o Japan
o Analyse der Renault-Nissan-Allianz	

- Bd. 12: Daniel Graewe:

  „Mergers & Acquisitions in Japan und Deutschland – unter besonderer Berücksichtigung feindlicher Übernahmeangebote"

  Diplomica 2013, deutsch, 96 Seiten, 39,50 € (ISBN: 978-3-8428-5713-1)

Methodenfokus:	Regionaler Fokus:
o Mergers & Acquisitions – Merkmale, Motive & Ziele, Risikofaktoren und Erfolgsmessung	o Japan
o M&A-Markt in Japan und Deutschland	o Deutschland
o Phasenmodell von M&A-Transaktionen	⇨ beides jeweils als Stamm- und/oder Zielland

Nicole Sabel

Interkulturelle Kompetenz:

Einfluss der Kultur auf das internationale

Management

Diplomica 2010 / 128 Seiten / 39,50 Euro

ISBN 978-3-8366-9699-9

EAN 9783836696999

Der Umgang mit kulturellen Unterschieden im Arbeitsalltag stellt für Unternehmen längst nicht mehr einen Ausnahmefall dar: Im täglichen Geschäft treffen unterschiedliche Kulturen aufeinander, die sich jeweils durch unterschiedliche Wertvorstellungen, Denk- und Handlungsweisen auszeichnen und unterschiedliche Sprachen sprechen.
In der Vergangenheit haben viele Unternehmen ausländische Märkte fast in der gleichen Art und Weise bearbeitet wie den Heimatmarkt und sind mit dieser Nicht-Beachtung kultureller Gegebenheiten in der Auslandsmarktbearbeitung gescheitert.

In der vorliegenden Studie werden die verschiedenen Facetten des internationalen Managements und der internationalen Marktbearbeitung aufgezeigt. Es wird dargestellt, welchen Einfluss die verschiedenen kulturellen Faktoren wie Religion, Zeitauffassung und Sprache auf die Unternehmens- und Verhandlungsführung haben. Zahlreiche Beispiele demonstrieren, welche Folgen aus fehlerhafter Personalführung, mangelnder Vorbereitung personeller Ressourcen auf einen Auslandseinsatz sowie kulturell bedingten Missverständnissen in der Kommunikation resultieren können.

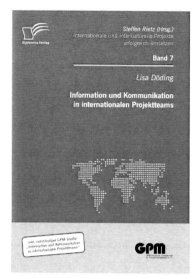

Lisa Döding

Information und Kommunikation

in internationalen Projektteams

Diplomica 2011 / 140 Seiten / 49,50 Euro

ISBN 978-3-8428-6110-7

EAN 9783842861107

Durch die zunehmende Globalisierung ist das Umfeld vieler deutscher Unternehmen international und interkulturell geprägt. Selbst überschaubare, zeitlich befristete Projekte in diesem Umfeld werden zur Herausforderung. Zu den typischen Problemen im internationalen Projektmanagement gehört besonders die erschwerte Information und Kommunikation (I+K). Für die meisten Unternehmen sind Auswirkungen, die sich aus einem internationalen Umfeld ergeben, meist vorher nicht ersichtlich bzw. schwer einschätzbar. Die Erkenntnisse der Faktoren, die Information und Kommunikation beeinflussen, können als Chance genutzt werden und helfen Risiken vorzubeugen.

Die Studie zeigt, wie sich in frühen Projektphasen Information und Kommunikation in einem internationalen Projektumfeld im Gegensatz zu einem vergleichbaren lokalen deutschen Projekt ändern bzw. ändern können. Dabei werden Kriterien und Einflussgrößen zusammenzutragen, welche die I+K in einem Projekt beeinflussen. Methoden und Werkzeuge zur Vorbereitung auf die Arbeit in internationalen Projektteams werden analysiert und bewertet. Zusätzlich werden Handlungsempfehlungen und Korrekturfaktoren (Parameter) vorgeschlagen, die einem Projektmanager als Hilfestellung dienen, um ein Projekt erfolgreich planen und abschließen zu können.

Um die Praxisrelevanz und Praxistauglichkeit der Ergebnisse und gewonnenen Erkenntnisse abzusichern, fließen in die Studie Erfahrungswerte von 60 Experten namhafter Unternehmen ein.

Sandra Franke

Interkulturelles Management: Thailand - Deutschland

Diplomica 2012 / 96 Seiten / 39,50 Euro

ISBN 978-3-8428-7001-7

EAN 9783842870017

Profundes Wissen um Kulturen, insbesondere um solche, die eine erhebliche räumliche Distanz zueinander aufweisen und zwischen denen sich daher die vielschichtige Problematik des Fremdseins in hohem Maße vollzieht, schärft den Blick für unsere eigene Welt. Das Erleben des Exotischen in Thailand und das Nachdenken über die Heimatkultur aus der Distanz machen die eigene Wirklichkeit sozusagen erklärungsbedürftig. Die persönlichen Kulturerfahrungen der Autorin wurden auf den beruflichen Kontext projiziert und ergänzt durch die Berufserfahrung in deutschstämmigen Unternehmen in Thailand, wo die thailändische und deutsche Kultur sichtbar und spürbar aufeinander treffen.

Im Rahmen fortschreitender Globalisierung wird die Handhabung und Überwindung interkultureller Differenzen zunehmend zu einem kritischen Erfolgsfaktor für die Durchführung internationaler Projekte. In Wirtschaftsberichten wird häufig über auf der interpersonalen Ebene auftretende Kommunikationsprobleme, Enttäuschungen, Misstrauen, in ungünstigen Fällen vom Abbruch von Projekten oder ganzer Unternehmenskooperationen berichtet. Derartige Schwierigkeiten beruhen oftmals auf dem unvorbereiteten und unprofessionellen Zusammenprall unterschiedlicher Kulturen. Die Autorin verweist auf zahlreiche in den kulturellen Kontrasten liegende Reibungsverluste, aber auch Potentiale und Triebfedern, die an Beispielen der deutschen und der thailändischen Kultur verdeutlicht werden.

Steffen Rietz (Hrsg.)

Internationales Projektgeschäft - Chancen, Handlungsempfehlungen und ausgewählte Beispiele

Mit Beiträgen von Alexander Janzer, Marcel Rockstedt, Tim Schalow und Vinh-Tai Tran

Diplomica 2012 / 276 Seiten / 49,50 Euro

ISBN 978-3-8428-8366-6

EAN 9783842883666

Nach zehn erfolgreichen Ausgaben der Schriftenreihe „Internationale und interkulturelle Projekte erfolgreich umsetzen" und als Start in das dritte Erscheinungsjahr liegt nun der Jubiläumsband vor.

Dieser Band spannt einen Bogen von Ost nach West, von Japan, dem Land der aufgehenden Sonne, bis in die USA, dem politisch und wirtschaftlich dominierenden Staat des letzten Jahrhunderts. Dieser Band hat in seiner thematischen Vielfalt einen strategischen Fokus, zeigt Unternehmens- und Branchenentwicklungen in In- und Ausland, lehrt uns Trends zu erkennen, zu nutzen und ggf. selbst aktiv zu gestalten. Von Toyota, dem japanischen Vorzeigeunternehmen, bis in die Branchenrotation der Textilbranche von Deutschland über China bis nach Vietnam werden beispielhaft Methoden und Vorgehensweisen beschrieben und zur Nachahmung empfohlen.

Dennis Holz

Internationale Strategische Allianzen in der Automobilindustrie: Die Renault-Nissan Allianz

Diplomica 2012 / 152 Seiten / 49,50 Euro

ISBN 978-3-8428-8895-1

EAN 9783842888951

Die Automobilindustrie steht weltweit vor großen Herausforderungen. Ein schwaches Wirtschaftswachstum in vielen Industrieländern, Kapitalmarktkrisen, stagnierende Realeinkommen und verunsicherte Kunden beeinträchtigen die Nachfrage in vielen Industrienationen. Die Sättigung der etablierten Absatzmärkte der Triade, der Markteintritt neuer Automobilhersteller aus den Schwellenländern, strukturelle Überkapazitäten und verkürzte Produktlebenszyklen erhöhen zusätzlich den Kostendruck auf die Automobilunternehmen. Organisationsprojekte zur Unternehmensentwicklung oder -internationalisierung führen zu Fusionen, Aufkäufen oder Strategischen Allianzen mit dem Ziel, die entstehenden Größenvorteile in reale Wettbewerbsvorteile umzuwandeln.

Der Inhalt:
Grundlagen zu Strategischen Allianzen und der internationalen Automobilindustrie; Herausforderungen und kritische Erfolgsfaktoren von Strategischen Allianzen; Merkmale und Besonderheiten von Strategischen Allianzen in der Automobilindustrie

Die Zielgruppen:
Dozenten und Studenten mit den Schwerpunkten Automotive Management, strategische Unternehmensführung und International Management sowie Führungskräfte in der Automobilbranche